KB070638

7

계간 삼천리
해제집

　이 해제집은 2017년도 정부(교육부)의 재원으로 한국연구재단의 지원을 받아
한림대학교 일본학연구소가 수행하는 인문한국플러스지원사업의 일환으로
이루어진 연구임(2017S1A6A3A01079517).

한림대학교 일본학연구소 일본학자료총서 II

〈계간 삼천리〉 시리즈

7

계간 **삼천리**
해제집

한림대학교 일본학연구소 해제

學古房

한림대학교 일본학연구소 HK+사업단 아젠다는 〈포스트제국의 문화권력
과 동아시아〉이다.

이 아젠다는 '문화권력'이라는 문제의식과 관점으로 '동아시아'라는 공간
을 어떻게 규정하고 해석할 수 있는가를 모색하고 고민하는 작업이며, 동시
에 '제국'에서 '포스트제국'으로 이어지는 연속된 시간축 속에 '포스트제국'
이 갖는 보편성과 특수성을 밝히려는 작업이 될 것이다.

이러한 아젠다 수행의 구체적 실천의 하나가 『계간 삼천리』 해제 작업이다.

이 『계간 삼천리』는 재일한국·조선인 스스로 편집위원으로 참가하여 그
들의 문제를 다룬 것이며, 구체적으로는 재일조선인 역사학자 이진희와 박
경식, 강재언, 소설가 김달수, 김석범, 이철, 윤학준이 편집위원으로 참가하
였으며, 1975년 2월에 창간하여 12년간 1987년 5월 종간까지 총 50권이 발행
된 잡지이다. 물론 재일조선인 편집인과 필진 이외에도 일본인 역사가와
활동가, 문학을 비롯한 문화계 인사들도 다수 참여하였으며, 이들 중 다수는
현재까지 재일한국·조선인 운동, 한·일 관계를 비롯한 동아시아 근현대사
연구에 관여하고 있다. 이러한 편집위원과 필진이다 보니, 여기에는 한국과
일본을 비롯한 동아시아의 정세분석, 역사문제, 재일조선인의 문화와 일상,
차별문제, 일본인의 식민 경험과 조선체험 등 다양한 주제로 망라되어 있다.
다시 말해서, 이들 기사는 1970년대 중후반과 1980년대 냉전 시대의 동아시
아 속 한국과 일본, 일본 속 재일조선인과 한국 등을 가르는 문화권력 지형
의 변화를 검토하는 데 유용한 자료인 것이다.

우리는 이 잡지를 통해서 '국민국가의 외부자'이면서 동시에 '국민국가의
내부자'인 재일한국·조선인의 '시각'에 초점을 맞추어 '냉전/탈냉전 시기
국민주의 성격'이 무엇인가에 대해 생각할 수 있는 기초 작업을 수행하게
된다. 이 성과는 한국사회와 일본사회 그리고 더 나아가서 동아시아 속에서

해결해야 하는 '국민국가' 문제나 '단일민족·다민족주의' 문제를 되돌아보게 하는 계기가 될 것이다. 특히 기존 선행연구들이 읽어내지 못한 재일의 세계관, 주체론, 공동체론, 전후 국가론'을 분석해 내어, 기존의 냉전과 디아스포라 문제를 '국가·탈국가'라는 이분법을 넘는 이론을 고안해 내는 데 미약하나마 일조할 것으로 생각한다.

참고로, 이 기초 작업의 주된 대상은 아래와 같다. ①동아시아 상호이해를 위한 기사('가교', '나의 조선체/조선관', '나에게 있어 조선/일본', ②당시의 동아시아 상호관계, 국제정세 시점에 대한 기사, ③조선과 재일조선인의 일상문화에 대한 기사, ④기타 좌담/대담 중 사업단 아젠다와 관련 있는 기사 등이다.

아울러 이 작업을 수행한 과정은 대략 다음과 같다.

먼저 HK연구 인력을 중심으로 TF팀을 구성하였다. 이 TF팀은 2주에 1회 정기적으로 열었으며, '가교(架橋)', '특집 대담·좌담', '회고', '현지보고', '동아리소개', '온돌방(편집후기)'을 해제 작업 공통 대상으로 선정하고 「집필요강」까지 작성하였다. 기본적으로 공동작업이라는 특성상, 「집필요강」을 엄격하게 적용하였으며, 동시에 해제 작성에 개인적 차이를 최소화해서 해제 작업의 통일성과 효율성을 최대한 확보하기 위해 노력하였다. 실제로 수합한 원고에 대한 재검토를 TF팀에서 수행하는 등 다중적인 보완장치를 마련하였다. TF팀은 현재까지 총 6권의 해제 작업을 마쳤으며, 2021년 1월 31일 자로 총 7권의 『계간 삼천리』 해제집 시리즈를 간행하게 되었다.

본 해제집이 재일한국·조선인의 시선을 통해 국가나 민족, 언어에 갇힌 삶이 아니라, 사람이라는 보편적 하나의 '삶'의 세계를 들여다보는 계기가 되었으면 하는 바람이다. 새로운 인식의 사회적 발신을 위해 『계간 삼천리』 해제 작업은 앞으로도 계속될 것이다.

일본학연구소 소장
서 정 완

목차

1986년 봄(2월) 45호

1984년 겨울(11월) 40호

「등록 지문쯤이야 …」

[架橋] 「登録の指紋ぐらい…」

페이지
14-17

필자
오노 세이
(小野誠之, 1942~)

키워드
종추월(宗秋月),
외국인등록,
오무라(大村) 수용소,
국가정책

해제자
전성곤

오노 세이는 도쿄 출생이며 도쿄대학(東京大學)을 졸업했다. 재일한국·조선인의 지문날인 문제에 관여했고, 연속 살인사건의 변호인을 맡기도 했다. 이 글은 지문날인 거부 운동에 대한 직선적인 비판이라기보다는 역설적으로 밀입국자의 입장에서 송환을 피할 수 있는 방법에 대해 논의를 전개한다.

시인 종추월(宗秋月)의 「이인(異人) 씨」라는 제목의 시에 다음과 같이 말했다.

> "가을 달아, 어딘가 결혼해 줄 여성이 없을까. 아이를 낳는다면 등록은 간단하다.
> (『종추월시집(宗秋月詩集)』 1971년, 『이카이노(猪飼野)·여인(女)·사랑(愛)·노래(うた)』 1984년에 재수록)"

이카이노에 사는 황 씨 아주머니 앞으로 오래전에 죽은 남편의 남동생이 밀입국하여 찾아왔다. 그 남자를 종추월에게 눈으로 신호를 보내며 황 씨 아주머니는 숨겨줄 방법을 상담하는 장면에서 나온 말이다. 이 소절은 그대로 황 씨 아주머니의 말이었다고 추측된다.

「등록」이라고 한 것은, 말할 것도 없이 외국인등록을 가리킨다. 밀입국한 남편의 남동생은 당연히 등록이 없다. 그대로 주민센터에 출두한다면 곧바로 경찰에 통보되어 입국관리 직원 쪽으로 밀입국 사실이 알려지게 된다. 수용된 이후 한국에 송환될 것은 불 보듯 뻔한 일이다.

이를 피하는 방법은 빨리 아내를 맞이하여 아이를 갖는 것이 가장 확실한 방법이다. 처자를 갖고 있는 입장이 되면 강제송환은 피할 수 있게 된다. 국경을 단속하는 입국관리 직원이라 하더라도 남편과 처자를 이별시킬 수 있는 강제송환까지는 무리인 것이다. 일본에 거주하게 할 것인가 말 것인가는 법무대신의 재량 범위인 것이라고 하면서 '인도상의 배려'를 결여한 행정조치까지는 취하지 않기 때문이다. '인도적 배려에 근거한 행정'이란 법무대신이 내외에 표명해 온 다테마에(建前)인 것이다.

이럴 경우 출입국관리법 상 강제퇴거 사유에 해당한다고 하여 퇴거 수속을 밟기는 하지만, 법무대신의 특별조치로서 '특별재류 허가'의 길이 열리게 된다. 그 결과 외국인등록도 완성되게 된다.

밀입국자로부터 상담을 받고 어떻게 하면 송환을 피해 일본에 재류자격을 취득할 수 있는가라는 상담을 받아도 나에게는 황 씨 아주머니의 말보다 더 좋은 조언은 생각나지 않는다. 자수를 권유한들 불법입국 죄(외국인등록법위반)가 다소와 경감될 여지는 있지만, 그 이상으로 가혹한 처분인 강제퇴거명령을 좌우할 수는 없다. 오무라(大村) 수용소에 수용되고 한국에 송환되는 것을 막는 것은 불가능하다고 각오하지 않으면 안 된다.

종추월 씨는 시의 마지막에 황 씨 아주머니에 대해 신뢰와 감동의 말을 전한다. 황 씨 아주머니의 지혜와 실행력은 변호사도 할 수 없는 구제를 실현하고 있다. 비합법적인 부분을 포함하면서 마침내 합법을 취해가는 박력이 그곳에 있다.

일본은 재일조선인으로부터 일률적으로 일본국적을 박탈했다. 그 이후 재일의 지위는 일반외국인의 그것과 동일하게 국가가 관여하고 결정하는 자유재량 범위에서 인정된다는 불안정한 것이 되어 버렸다. 국가에 대치하고 국가를 구속하는 인권으로서의 재류권은 인정되지 않는다. 외국인의 출입국, 재류는 살생 박탈의 국가 주권이 부여한 특권이며 권리라기보다는 은전(恩典)을 받아들일 수밖에 없고 어쩔 수 없이 비합법의 재류에 몸을 움츠리고 있는 사람들의 존재는 조선인에 대한 일본의 과거 그리고 현재의 국가 정책이 배경에 있다. 그것이 개인적 동기나 사정을 훨씬 넘는 사정인 것이다.

가교

나와 조선

[架橋] 私と朝鮮

우미지 마코토는 서점에서 근무하는 일반인이다. 본 글에서는 야마시로 도모에(山代巴)와 김시종의 작품을 읽고 일상에서 인지한 재일조선인에 대한 새로운 자각의 논리를 설명하고 있다.

'법률을 알지 못하기 때문에 조문(條文)을 읽은 적이 없어서'라고 해도 법 규제가 우리 일상생활에 따라다니고 있듯이, 우리 일본인에게 있어서 재일조선인 문제는 역사적으로도 사회적으로도 깊은 관계가 있으며 피할 수 없는 것인데, 그것을 이해하려고 노력하는 사람은 거의 없다.

또한 이해하고 있다고 생각하고 있는 사람도 상대방의 신경을 거슬리게 하는 경우가 종종 있으며 알지 못하는 사이에 상대방에게 상처를 주는 것도 재일조선인 입장에서 보면 수없이 많을 것이다.

김달수의『현해탄』을 읽은 것은 꽤 오래전으로 기억이 불분명한데 인상에 남아 있는 것이 두 군데 있다. 그 하나는 조선해협을 연락선으로 건널 때 일본인 관헌이 눈치 채지 못하게 하고 지나가도 조선인 관헌은 조선인 도항자를 날카롭게 체크한다는 대목이다. 그리고 또 하나는 주인공이 일본인 여성과 사랑에 빠지지만 조선인이기 때문에 상대로부터 동정을 받고 있다는 것을 알게 되어 용서할 수 없게 된다는 대목이다.

페이지
17-19

필자
우미지 마코토
(海地信, 미상)

키워드
조선해협,
야마시로 도모에
(山代巴),
김달수, 김시종,
추체험(追体験)

해제자
전성곤

15

나도 지금까지 무신경적인 행동이 있었을 것이라고 생각한다. 이러한 나를 깨닫게 해주고 인간 상호간의 신뢰를 가르쳐주고 희망을 부여해 준 것은 야마시로 도모에(山代巴) 씨였고, 이분은 내 인생의 스승이기도 하다. 야마시로 씨의『붙잡힌 여자들』은 반전 활동으로 투옥된 주인공 미쓰코가 많은 여자 죄수나 간수와 접촉하면서 저변의 인간이 사는 모습을 알게 되고 그것에서 배움과 동시에 투옥 전의 일들을 조합하여 내용을 전개했다. 전전에서 전중(戰中) 시기에 반전 활동에 몸을 바친 저자의 체험에서 생겨난 작품이다.

　김명방(金命芳)이 말하듯이 이론상으로는 알아도 감정으로서 이치에 맞지 않는 것일 것이다. 차별의 대극에 있는 조선인의 "'나'를 거부하는 것은'이라는 김시종의 생각이 부락출신자인 Y군의 위화감을 초래한 것일까. 김명방이 '다르게 본다면 가만두지 않을 것'이라는 말의 무게감은 차별을 받은 자만이 알 수 있는 것인지도 모르지만, 야마시로 도모에, 김시종 등의 작업을 통해 추체험(追体験)을 하고, 조금이라도 이런 것들을 자신의 것으로 만들어 갔으면 한다.

가교
공습하 조선인의 동향
[架橋] 空襲下の朝鮮人の動向

고야마 히토시는 일본의 역사학자이며 전공은 일본근현대사이며 간사이대학(関西大学) 명예교수이다. 주요 저서로는 『일본 사회운동 사상사론(日本社会運動思想史論)』(1965), 『오사카 대공습(大阪大空襲)』(1985), 『전쟁·차별·공해』(1995), 『현대사를 보는 눈(現代史を見る目)』(2001), 『공습과 동원(空襲と動員)』(2005) 등이 있다. 이 글은, 일본에 강제연행 된 재일조선인 중에 한센병 환자 경험에 대해 적은 글이다.

태평양전쟁기 일본 경찰은 조선인의 동향은 커다란 관심사였다는 것은 두말할 것도 없다. 특히 재주(在住)조선인이 많은 오사카의 경찰 당국은 전쟁 상황의 악화와 공습이 격심해 짐에 따라 조선인에 대한 감시와 단속을 강화했다. 당시의 오사카부(大阪府) 경찰국이 작성한 공습관련 보고문서 속에서도 그 일단을 엿볼 수 있다. 그 대표적인 것으로 1945년 3월 24일 오사카부 경찰국장으로부터 내무대신 오다치 시게오(大達茂雄) 이름으로 「적기(敵機)에 의한 재주 조선인의 피해 상황 및 일반 동향에 관한 건」이라는 문서가 있다.

대략 13장 정도의 분량인 이 문서는 같은 해 1월, 2월에 경보발령상황에서 시작해서 그 동안의 조선인의 피해 상황을 기록하고 공습하의 조선인의 동향에 대해 '정신적 동향', '방공활동', '피폭지역 동향', '방공활동상의 선행자', '전국(戰局)의 추이에 따른 조선

페이지
19-21

필자
고야마 히토시
(小山仁示, 1931~2012)

키워드
태평양전쟁기,
재주(在住)조선인,
'정신적 동향',
'방공활동',
선인(鮮人)

해제자
전성곤

인의 언동'을 열거하여 마지막에는 공습에 의한 영향으로서 조선인의 소개(疎開)상황, 조선인 노동자의 근무 상황, 조선인의 밀집 지역의 우편국에 있는 예금액, 상환액 등을 기록했는데 정말 상세한 보고서이다.

공습 하 조선인의 동향에 대해서는 '한대 정도의 공습기를 왜 추락시키지 못 하는가', '공습경보가 빈번하게 울려서 실증이 난다'는 등의 '군에 대한 신뢰감이 낮아진 것이 많고 또한 도피적 경향이 강하며 소개를 실행하는 쪽이 많다'고 했다. 한편으로는 '신예전투기가 급속하게 비행하는 것을 보고 마음이 든든해 졌다'는 등 전의를 격렬하게 고양시키는 언동은 유식자 층으로 신분에 의해 지식 흡수를 사료(思料)로 하고 있는데 그 진상 규명은 어려운 상황이다. 즉 이들 언동자는 대체적으로 가족과 자재를 소개(疎開)시킨 자들이라고 적고 있었다.

오사카 첫 공습은 1944년 12월 19일 미명으로 B29기에 의한 마쓰바라시(松原市)와 히라노구(平野区)의 폭탄 투하였다. 그런데 이 공습은 경계경보조차 발령하지 못했을 때 벌어졌다. 정보발령도 없이 폭탄이 투하된 상황이었는데, 이때 조선인 등화관제 불량을 지적했는데 이것은 당시 일본 경찰의 태도를 잘 보여주는 것이다. 그 외의 문서에도 '선인(鮮人)'이라는 말을 사용하여 조선인의 언동에 대해 편견을 갖고 기술한 것이 많이 보인다.

1945년 8월 15일 전쟁이 끝났다. 군국소년이었던 나는 믿을 수 없는 일이 벌어졌다. 일본인이 패전한 슬픔, 망연해 있었는데 조선인들이 살던 집에서는 밤새 술파티를 하고 노래를 부르고 춤을 추는 등 떠들썩한 소리가 들려왔다. '조선인들은 무슨 짓을 하고 있는 거야'라고 물은 나에게 아버지는 '조선인이 승리한 거야'라고 대답했다. 일본인에게 패전은 조선인에게 승리였다는 것은 나의 생각을 근본에서 뒤집는 체험이었다. 이카이노에 살고 있었기 때문에 얻을 수 있었던 귀중한 체험이었다.

갑신정변 백년
甲申政変百年

강재언은 제주도 출신의 재일 역사학자다. 『계간 삼천리』의 창간 멤버로 편집위원을 맡았다. 일본 도항 후 일본 각 대학에서 교편을 잡으며 재일 역사학자로 활동했다. 고교 교사로 근무하던 중 한국전쟁이 발발해 일본으로 밀항했다. 종전 후 귀국의 생각을 접고 '재일'을 선택 했다. 오사카상과대학(大阪商科大学)에서 공부하며 재일조선인 운동에 참여했다. 재일조선인총연합회(在日本朝鮮人総聯合会) 활동가로서 간부교육에도 참여했으나 김일성 일가를 신격화하는 현대사 교육 등에 대한 환멸로 총련을 탈퇴했다 (1968). 재일조선인 잡지 『일본 속의 조선문화(日本のなかの朝鮮文化)』(1969~1981, 총50호) 멤버들을 통해 친분을 맺게 된 시바료타로(司馬遼太郎)와 고향 제주도 여행을 함께 하기도 했다. 이 글은 갑신정변에 담겨진 일본의 의도에 대해 논하고 있다.

올 12월 4일은 갑신정변 백년이 된다. 1884년 일어난 갑신정변은 근대적 국가 변혁의 최초의 봉화였는데, 3일째 12월 6일에 좌절하고 말았다. 조선이 쇄국에서 개국으로 전환한 것은 1876년 2월에 일본과 맺은 강화도조약에 의해서이다. 그후 82년부터 미국을 비롯해 서양 제국(諸國)도 개국조약을 맺었다. 이들 조약은 모두 치외법권을 포함한 불평등조약이었는데, 조선은 세계자본주의 체제 속에 편입되게 되었다.

페이지
22-33

필자
강재언
(姜在彦, 1926~2017)

키워드
갑신정변, 불평등조약, 후쿠자와 유키치, 이노우에 가쿠고로, 다케조에 신이치로, 이토 히로부미

해제자
전성곤

19

그 중에서 독립을 보전하고 국제사회에서 제(諸) 외국과 대등한 지위를 확보하기위한 방책은 무엇일까. 말할 것도 없이 국내 정치를 개혁하고 생산력과 군사력을 근대화하는 것이었다. 자연스럽게 국내에서도 구질서를 고수하고 그 봉건적 특권을 유지하려는 수구파와 그 정권을 타도하고 근대적 변혁을 성취하려는 개화파와의 대립이 점차 첨예화 되었다.

수구파정권과 대결하기위해서는 개화파의 세력을 확대하지 않으면 안 되었다. 개화파는 후쿠자와 유키치(福澤諭吉)가 파견한 이노우에 가쿠고로(井上角五郎)의 협력을 얻어 『한성순보(漢城旬報)』를 간행하고 개화사상의 보급을 꾀하기도 하고 역시 후쿠자와의 협력을 얻어 게이오기주쿠(慶應義塾)대학 및 육군도야마(陸軍戶山)학교에 유학생을 파견하기도하며 그 세력 확대와 동지의 결집을 꾀했지만, 수구파 정권하에서는 한계가 있었다.

일본의 메이지유신을 모델로 삼아 조선의 변혁을 생각한 개화파는 일본의 근대화에 비해 시간적으로 늦어진 것에 대해 초조해했다. 개화파 중에서도 가장 온건하고 신중한 인물로 알려진 홍영식(洪英植) 조차도 일본 공사 다케조에 신이치로(竹添進一郎)와 나눈 요담(要談) 중에 '이대로 몇 년이 경과하면 조선은 변혁하는 것도 조선인이 통치하는 것도 어렵다'(이토 히로부미(伊藤博文), 『비서류찬(秘書類纂)·조선교섭자료(상)』)고 말하고 있듯이 개혁 시기를 잃으면 독립 유지 그 자체가 위험하다고 인식하고 있었다.

갑신정변이 실패한 후 조선의 자주적 근대화 운동은 좌절을 거듭하고 마침내 1910년 8월에 일본의 식민지로 전락한다. 그러나 사상적으로도 인맥적(人脈的)으로도 갑신정변에 이어 1890년대 후반의 독립협회 운동, 1900년대 후반의 애국계몽운동, 1919년의 3·1운동을 통해 조선민중의 근대적 각성이 촉진되었다.

개화파연구의 현재적 의미

開化派硏究の今日的意味

미야지마 히로시는 일본의 조선사학자이다. 오사카부(大阪府) 오사카시(大阪市)에서 태어났다. 1972년 교토(京都)대학 문학부 사학과를 졸업했다. 77년 박사과정 동양사학과를 수료하고, 1979년 도카이(東海)대학 문학부 전임강사가 된다. 1981년 도쿄도리쓰(東京都立)대학 인문학부 조교수로 임용되고, 1983년에 도쿄(東京)대학 동양문화연구소 조교수를 거쳐 교수가 된다. 도쿄대학명예교수를 지냈고, 2002년 한국 성균관대학교 동아시아학술원 교수로 부임하여 활동하다가 2014년 정년퇴직했다. 대표 저서로『조선토지조사사업사 연구』등이 있다. 이 글은, 세계사적인 흐름과 조선의 갑신정변의 역사적 의의에 대해 논한다.

올해는 갑신정변이 발발한지 꼭 백년이 된다. 이것을 기념하여 한국에서는 심포지움이 열리는듯한데 일본에서도 내가 속해 있는 조선사연구회가 올해 학술대회 테마로서 '갑신정변 백주년'을 내걸었다.(10월 20일, 21일 개최 예정). 이 소논문의 목적도 조선에서 최초의 부르주아적 정치변혁운동이라고 불리는 갑신정변 백주년을 맞아 그 정변을 주도한 개화파의 역사적 위치에 대해 사견을 기술하고자 한다.

종래 개화파에 관한 연구 중 사상사적 어프로치를 중심으로 한 강재언 씨의 연구는 가장 높은 수준을 보여주고 있다. 따라서 강재

페이지
34-42

필자
미야지마 히로시
(宮嶋博史, 1948~)

키워드
조선사연구회,
갑신정변, 개화파,
서구적 근대

해제자
전성곤

언 씨의 설을 간단하게 소개하면서 강 씨로 대표되는 종래의 연구에 대해 나의 의문을 제시하고자 한다. 강 씨의 개화파에 대한 수용 방식을 가장 단적으로 보여주는 것이 다음의 문장이다.

'세계사적 경험은 근대화의 부르주아적 코스 이외에 그 기타의 유형을 알 수가 없다. 그렇다고 한다면 조선에 있어서의 근대화에의 구체적 비전을 개시하고 세계사적 동시성을 획득하기 위한 운동으로서는 개화운동을 빼고는 다른 것은 없다. 개화사상 및 그 운동을 여러 한계성과 취약성을 가지면서도 조선의 자주적 근대화 사상적 축으로서 주목하는 이유이다'(『조선의 개화사상』 이와나미 서점, 1980년, p.265)

19세기 후반에 있어서의 '세계사적 동시성=근대화의 부르주아적 코스'를 실현하기 위한 운동으로서는 개화파의 운동밖에 존재하지 않았다. 그것이 자주적 근대화라고 평가되는 것은 어째서 인가. 그것은 개화파의 사상이 18, 19세기에 등장한 근대지향성을 갖고 있었다는 것의 실학사상을 내재적으로 계승한 것이기 때문이다. 그렇다면 실학사상의 근대적 지향적 성격이란 무엇인가. 강재언 씨에 의하면 그것은 네 측면이 있다고 한다.

하나는 중화와 이적의 구분을 부정하고 서양으로부터 배우려고 하는 열린 세계관, 두 번째는 유교적 민본주의를 초월한 민을 주체로 하는 민본주의 사상, 세 번째는 국내시장을 단일화하고 해외통상론에 보이는 경제사상, 네 번째는 산군(産軍)일치에 근거하는 국방사상이다.(상게서, pp.69-113)

강 씨는 갑신정변 이후 개화사상 운동에 대해서도 상세하게 추적 연구하고 있는데, 앞서 본 것처럼 강 씨의 개화사상/실학사상에 대한 수용 방식의 최대 특징은 부르주아적 근대를 기준으로 그것들의 사상을 평가하려고 한 점에 있다고 나는 생각한다. 그리고 나의 의문은 이러한 강 씨의 평가기준‐그것은 강 씨뿐만 아니라 조선민주주의인민공화국의 사람들을 포함해‐종래의 개화파 연구에 공통적인 것인데, 이 점에 대해서 이다.

나의 의문은 두 가지로 요약할 수 있다. 첫째는 서구와 역사적 전통을 달리하는 조선에서 근대 서구사상과 동일한 근대사상이 내재적으로 출현한다는 것은 처음부터 있을 수 없는 일이며 근대 서구사상을 기준으로 하는 한 그것과 개화사상과의 차이는 강 씨가 말하듯이 개화사상의 한계성과 취약성이라고 할 수 밖에 없는데 과연 그것은 그것으로 괜찮은가. 둘째는 강 씨와 같은 방법에서는 서구적 근대를 상대화하고 비판하는 시점이 나오지 못하지 않는 것은 아닌가하는 점이다.

후쿠자와 유키치의 조선론과 개화파

福沢諭吉の朝鮮論と開化派

페이지
43-49

필자
다카사키 소우지
(高崎宗司, 1944~)

키워드
후쿠자와 유키치,
소야만국,
『시사소언(時事小言)』,
이동인, 유대치

해제자
전성곤

다카사키 소우지는, 일본의 역사학자이다. 쓰다주쿠(津田塾)대학 명예교수이다. 이바라키현(茨城県) 출생으로 1967년 도쿄교육(東京教育)대학 일본사를 전공했다. 대학원에서 석사과정을 중퇴했고, 1987년 쓰다주쿠(津田塾)대학 문예학부 조교수가 되었다가 1991년 교수를 역임했다. 2000년부터는 일조(日朝)국교촉진국민협회 자문위원을 지냈다. 이 글은, 후쿠자와 유키치의 조선관련 내용에 대해 적고 있다.

올해 11월 1일부터 1만 엔 지폐의 초상화로서 후쿠자와 유키치(福沢諭吉, 1835~1901)이 등장하게 되었다. 그러나 후쿠자와 유키치가 조선에 관해 많은 문장을 쓴 것은 잘 알려져 있지 않다. 근대 일본을 대표하는 인물의 한사람으로서 일본의 얼굴이 된 후쿠자와는 이웃나라 조선을 어떻게 보았던 것일까.

후쿠자와가 조선에 대해 처음으로 정리된 문장을 쓴 것은 1875년 10월 7일호의 『유빈호치신문(郵便報知新聞)』에 발표한 「아시아제국과의 화친(和親) 전쟁은 우리나라의 영욕(榮辱)이 없다는 것을 말한다」였다. 이 논문은 같은 해 9월, 일본이 조선을 무력으로 개항시키기 위해 일으킨 강화도조약(일본의 군함이 조선 강화도를 공격한 사건)의 발발과 그것에 동반하여 조선 정벌 여론(정한론)의 고양을 계기로 집필한 것인데, 후쿠자와는 다른 이유를 들어 정한

론에 반대했다.

후쿠자와는 조선을 '소야만국(小野蠻國)'이라고 멸시하고, 일본에 '이(利)'나 '익(益)'을 가져오는 나라가 아니라고 보았다. 이 시기 후쿠자와는 한마디로 말해 조선에는 그다지 관심을 갖지 않았었다고 말할 수 있다. 그러한 후쿠자와가 그로부터 수년 후 조선에 대해 중대한 관심을 표명하게 된다.

1881년 9월에 간행된 후쿠자와 유키치의 저서 『시사소언(時事小言)』(제4편)에 「국권의 일(国権之事)」에서는 다음과 같이 논했다. 6년 전 1875년에 '가령 그들이 찾아와 우리의 속국이 된다하여도 이에 기뻐할 것이 못 된다'라고 말했던 후쿠자와가 '무(武)를 통해 이를 보호하고, 문(文)을 통해 유도하여 발 빠르게 우리나라의 예(例)를 본받아 근래에 문명에 들어가지 않으면 안 된다'고 말할 정도로 바뀌었다.

그 자신은 '서양 제국(諸國)이 위세를 통해 동양을 압박하는 그 모양은 불이 만연한 것과 다를 바 없다'고 말하며 동아시아의 정세를 다루고 있는데, 이 이외에도 그가 주창한 내치우선론의 정체나 서구열강과의 장래 경쟁에 준비하여 조선을 일본의 세력권에 편입시키는 것을 생각하지 시작했다. 그리고 여기서 놓쳐서는 안되는 것에 후쿠자와가 『시사소언』을 집필하기 1년 전에 조선의 개화파 사람들과 알게 되었다고 적은 부분이다.

후쿠자와가 조선의 개화파 인물과 처음으로 접촉한 것은 1880년 4월이라고 생각된다. 상대는 나중에 개화승이라고 불리는 승려 이동인(李東仁)이다. 이동인은 개화파 동지인 김옥균이나 은사인 유대치(劉大致)로부터 근대화의 길을 추진하고 있는 일본의 실정을 시찰했으면 하는 의뢰를 받아 일본에 도항하여 '자주 후쿠자와 선생의 문하에 출입했다'(이시카와 간메이(石河幹明), 『후쿠자와 유키치전(福澤諭吉伝)』 제4권)

갑신정변의 주변
甲申政变の周辺

하루나 아키라는 일본의 논픽션 작가이다. 특히 표류민 연구가로 알려져 있다. 도쿄 출신이며 1959년 도쿄(東京)대학 문학부 동양사학과를 졸업한다. 추오(中央)공론사를 거쳐, 이후 작가로 활동했다. 고쿠가쿠인(國学院)대학, 가쿠슈인(学習院)대학에서 강의했다. 이 글은, 1884년을 기점으로 동아시아가 어떻게 서로 다른 길을 가고 있는지에 대해 동시성이라는 키워드를 제시하면서 적고 있다.

주로 중국의 근대사를 배운 일본인으로서는 갑신정변 그 자체에 대해 특별하게 발언을 할 수 없을 것 같다. 그러나 1884년이라는 시기에 동아시아 세계가 전체적으로 놓인 상황에 대해서는 주의를 기울여보고 싶어진다.

연표 상으로 말하면, 그 해는 중국과 프랑스 전쟁(일본에서는 청프전쟁이라고 부르고 중국에서는 중프전쟁이라고 한다)이 벌어진 해이며, 일본은 흔히 말하는 자유당좌파의 격화사건(激化事件)의 해이다. 군마(群馬)사건(5월), 가바산(加波山)사건(9월), 치치부(秩父)사건(11월), 그리고 미완으로 끝난 정부전복 계획을 포함한다면 나고야(名古屋)사건과 이다(飯田)사건(12월)도 언급하지 않으면 안될 것이다.

이들 사건은 각각의 민족의 역사에 있어서는 국제적 조건으로서

페이지
50-87

필자
하루나 아키라
(春名徹, 1935~)

키워드
갑신정변, 중프전쟁,
양무운동, 아시아사연구

해제자
전성곤

26

는 고려된 경우가 있는지 모른다. 청프전쟁 결과 서울 주재의 청나라 군대가 줄어든 것이 갑신정변의 거병계획에 있어 하나의 동기를 부여한 것은 사실이다. 일본 정부가 김옥균을 지지한 논리 속에 청프전쟁에 의한 조선주재 중국군이 삭감된 것도 반복해서 말할 필요도 없는 것이다. 그러나 문제를 각국의 역사로 환원해 보는 한, 가령 일본의 위정자가 1884년말기의 정세를 '내유외환'이라고 해석 할 수 있다. 내부모순을 대외 위기감으로 전화(轉化)시겨 가는 것으로 민중의 동의를 조달해 가고 있었다. 1884년이라는 해의 동아시아 세계가 이들 일련의 사건이 발생한 동시성에 주목하면서 내재적인 관련을 해독해 가고 싶다.

거슬러 올라가면 청프전쟁의 전제에는 베트남에 대한 프랑스의 침략과 베트남의 민족적 저항이 있었다. 그것은 아편전쟁 이후 유럽의 침략에 대한 아시아의 저항 전통을 이어간 것이다.

베트남에 대한 청프 양국의 권리 주장이 직접적으로 중국령에 있어서 양국의 교전으로 발전해 가는 와중에 중국이 건설해 온 근대 해군은 프랑스에 완패했다. 그것은 청국의 한인(漢人) 관료가 주도한 군사기술 중심인 '위로부터의' 근대화(양무운동)의 한계를 폭로하는 것이었다. 그러나 적어도 양무운동의 한계가 널리 인식되었다는 것은 정치개혁을 동반한 국가의 근대화라는 목표가 내건 다른 정치세력(변법파 내지 개량파)의 등장을 부추기는 것이었다.

양무파 운동의 적극적인 면과 부정적인 면에 대한 평가는 아직 정해지지 못했다. 그렇지만 적어도 그것이 아편전쟁에 있어서 항전파의 임칙서(林則徐)와 위원(魏源)의 정신적 일면의 세계를 만들었다는 것은 부정할 수 없다. 그리고 양무파에서 개량파로의 발전이 파산으로 끝나지 않으면 혁명파의 등장도 있을 수 없었던 것이다. 한편으로 아편전쟁 이래 저류하여 흐르는 민중의 배외운동이 이들 사회 상층의 운동에 부단한 활력을 주었던 것이다.

유럽 침략에 대한 위기위식 아래에서 자강을 찾는 점에서 단계와 방법에 상위는 있었지만, 동아시아 제(諸)민족에게는 공통된 뿌리가 존재하고 있었던 듯이 생각된다. 이미 10여년전 일인데, 강재언 씨가 논문 「개화사상/개화파/갑신정변」(『조선근대사연구』, 일본평론사)에서 갑신정변이 '위로부터'의 개혁운동이었던 것을 이유로 과소평가하려는 일본의 조선 사가(史家)의 견해에 대해 열렬하게 반론을 내걸었던 것을 나는 강한 인상으로 기억하고 있다. 그 과소평가 속에는 일본의 아시아사연구자 속에 내재하는 일국사적 독선이 있는 것은 아닌가 하고 자성(自省)하고 있다.

오늘에서는 동아시아 세계라는 말 자체가 단순한 지리적 개념으로서 안이하게 사용되기 시작하고 있는데, 본래 그것은 전후 역사학 특히 일본고대사 분야에서 그러한 독선을 극복하는 개념으로 발상했던 것이었다.

개화 사상과 기독교
開化思想とキリスト教

사와 마사히코는 오이타현(大分県) 출생으로 도쿄(東京)대학 법학부를 졸업했다. 도쿄신학대학 대학원 재학 중에 한국 연세대학 연합신학대학원에 유학한다. 귀국 후에는 도쿄신학대학 대학원을 졸업했다. 1970년부터는 가와사키(川崎) 사쿠라모토(桜本)교회에서 전도활동을 하다가, 1973년 일본기독교단의 선교사로서 서울의 한국신학대학에서 교편을 잡고, 마쓰이와(松岩)교회의 협력목사로 근무한다. 1977년 미국 프린스턴 신학교에 유학하고, 1979년에 서울로 돌아갔으니 출국 명령을 받아서 일본으로 귀국하고, 일본기독교단에서 활동하다가 1989년에 별세했다. 이 글은 한국의 개화사상과 기독교의 관계에 대해 적고 있다.

개화사상이란 전근대적인 봉건적 사회에서 근대적 사회로 발전하기 위한 준비기의 사상이다. 한국 학계에서는 대체적으로 구한말의 1880년부터 1910년까지를 가리킨다. 개화사상이라고 해도 1880년대 사상과 1900년대 사상에 시기적으로 차이가 있다. 또한 사상가 한 사람 한 사람에 의한 개인적 차이도 존재한다. 개화사상을 일반적으로 논하는 것 혹은 사상가 개별적 연구는 필자의 역량이 미치지 못해 다루지 못한다. 한편 조선 기독교는 올해로 프로테

페이지
58-65

필자
사와 마사히코
(澤正彦, 1939~1989)

키워드
개화사상,
조선 기독교,
프로테스탄트,
외래사상

해제자
전성곤

스탄트 선교 백년을 맞아 한국에서는 대대적인 기념집회, 강연, 출판 기념회 등이 준비되고 있다.

그런데 '개화사상과 기독교'는 어떤 관련이 있을까. 일반적으로 지금까지 기독교에 조예가 없는 연구자는 개화기의 기독교의 역할을 과소평가하는 경향이 있다. 다른 한편 기독교 측은 개화사상 속의 기독교 위치를 충분하게 파악해 오지 못했고 혹은 설득력 있는 자료적 근거도 없이 일방적으로 기독교의 개화사상에의 공헌을 과대평가하는 면도 있다고 생각한다.

여하튼간에 개화사상에 영향을 준 기독교의 기여 부분은 확실하게 존재하기 때문에 기독교 측에서 사실(史實)에 근거하여 개화사상과 기독교 관련을 더 설명할 필요가 있다고 생각한다. 본 소논문은 필자의 독자적 연구라기보다는 최근까지 '개화사상과 기독교' 관련하여 논한 한국 측 논문을 필자 나름대로 재정리한 것에 지나지 않는다. 그 때문에 각 장(章)에 처음으로 참고한 문헌을 망라적이지는 않지만 게재해 두기로 한다. 이들 연구를 통해 개화사상과 기독교에 대해 어떤 시점에서 어느 정도까지 파고들어가 있는가 대체적인 것을 볼 수 있을 것이다.

필자가 이 소논문에서 관심을 갖는 것은 다음 사항들이다. 즉 개화사상은 틀림없이 외부로부터의 충격을 통해 내부에서 전개된 사상이다. 그러한 의미에서 개화사상은 외래사상이라는 측면과 지금까지의 조선의 사상적 전통 위에서 구성되는 사상이라는 양면성을 갖고 있다.

조선사상사에 있어서 개화사상의 단절과 계승의 문제가 여기에 있는 것이다. 개화사상의 사상으로서의 형성은 서양사상과 유학실학사상이 혼연(渾然)하여 전개된 것인데, 한편으로는 사상이라기보다는 정치 세력에 의한, 일본에 의한 개화라는 흐름이 존재한다. 기독교는 외래사상에 속하기는 하지만, 개화기 조선인의 마음, 특히 민중 레벨에 굴절되면서 토착화 해 간 종교이다. 그리고 기독교는 개화사상의 전개뿐만 아니라 그 내실을 정치적 중압 속에서 담당해 갔다고 볼 수 있을 것이다. 조선에서는 기독교가 정치, 사회, 사상 속에서 굴절되면서 우연적이고 간접적, 하향적으로 침투해 갔기 때문에 오히려 민중에의 영향은 크게 주게 되었다고 생각된다.

이노우에 가쿠로와 『한성순보』

井上角五郎と『漢城旬報』

페이지
66-75

필자
하라다 다마키
(原田環, 1946~)

키워드
『독립신문』, 『한성순보』,
이노우에 가쿠고로,
성자관, 한학, 김충식

해제자
전성곤

하라다 다마키는, 일본의 역사학자이다. 전공은 조선근현대사, 근대 동아시아 국제 관계사이다. 오카야마현(岡山県) 출신으로 오카야마(岡山)대학을 졸업했다. 히로시마(広島)대학 박사과정을 수료했고, 1994년 히로시마대학 문학부에서 박사학위를 받았다. 교토대학, 도쿄외국어대학에서 강사를 하다가 시마네(島根)대학 교육학부 조교수 히로시마여자대학 국제문화학부 교수를 역임한다. 이 글은 조선에서 발간된 『한성순보』와 이오누에 가쿠고로의 관계에 대해 적고 있다.

조선 최초의 본격적인 신문은 독립협회가 발행한 『독립신문』(1896~1899)이다. 이것의 선구가 된 것은 관보와 신문을 겸하는 성격을 가진 『한성순보(漢城旬報)』(순간〈旬刊〉, 1883~1884)와 『한성주보(漢城周報)』(주간, 1886~1888)이었다. 이 『순보(旬報)』와 『주보(周報)』의 창간에 관여한 것은 이노우에 가쿠고로(井上角五郎, 1860~1938)라는 일본인이었다. 그는 후쿠자와 유키치(福澤諭吉)의 문하생으로 갑신정변(1884)에도 관여했다. 한 사람의 일본인이 왜 조선 신문사상에 족적을 남기게 되었는가. 본 논고에서는 이노우에 가쿠고로와 『한성순보』의 관계를 논해 보기로 한다.

이노우에 가쿠고로는 1860년 현재의 히로시마현(広島県) 후쿠야마시(福山市)에서 태어났다.1864년 큰형과 아버지가 돌아가시게 되어 가정은 매우 곤궁했는데, 사숙(私塾)에 다니면서 한학을 배우고 메이지유신 이후는 후쿠야마번(福山藩)의 번교(藩教)인 성지관(誠之館)에 입학했다. 성지관에서는 한학과 수학을 배우고, 성적이 우수했기 때문에 장학금을 받았다. 그러나 1872년 학제 개편이 시행되게 되어 성지관의 강의 내용이 양학으로 바뀌었는데, 이것이 계기가 되어 퇴학을 한다. 한학을 중시하던 어머니의 교시에 의한 것이라고 한다. 다음 해부터 2년간 고향에 설립된 소학교 교단에 섰다가 1875년 오다현립(小田県立, 성지관의 후신)사범학교에 입학한다.

이 해는 일본과 조선 사이에 운양호사건이 발생한 해였다. 사범학교에서의 그의 생활을 보면 우선 성적은 우수했지만, 싸움에 강하고 논쟁을 좋아했는데, 교장선생님이나 교사들에게까지도 논쟁을 했다고 전해진다. 나중에 조선에서 이노우에 가쿠고로와 친분을 맺은 김충식은 이노우에를 우직한 성격의 소유자라고 평가했다. 이러한 성격은 그의 생애를 만들어갔다.

사범학교는 1877년에 졸업했다. 학업성적은 동기 12명 중에 가장 우수했는데 논쟁을 좋아했기 때문인지 인물 평가는 나빠 결국 3등의 성적이었다. 가령 정론(正論)이라하더라도 자신들을 꺾으려고 하는 학생을 좋게 생각할리가 없었던 것이다. 이 성적평가는 취직 조건에 그대로 반영되었다. 처음에는 요시다무라(吉田村) 소학교, 기타야마무라(北山村) 소학교 등 교통이 불편한 학교에 배정되었다. 기타야마무라 소학교는 통근을 할 수 없어서 소학교에서 자취생활을 보내게 되었다. 월급도 동기보다 차별 지급되었다. 1등이 11엔, 이등이 10엔이었는데, 이노우에 가쿠고로는 7엔이었다고 한다.

그러나 소학교 교원시절에 만족하지 못했던 것들은 오히려 그를 도쿄로 비약하게 하는 지렛대가 되었다. 1879년 그는 동향의 선배에 해당하는 고바야시 요시나오(小林義直)에게 의지하여 상경했다. 고바야시는 후쿠야마의 성지관의 교수, 도쿄제국대학 의과대학 교수를 역임한 후 당시는 저술에 전념하고 있었다. 이노우에는 이 고바야시 집에서 서생(書生) 생활을 하면서 근처 교칸의숙(共慣義塾)에서 영어를 배우고 후쿠자와 유키치의 문하생이 된다.

고바야시 때나 후쿠자와 때 모두 한학에 의해 입문을 테스트 받았다. 이노우에 가쿠고로는 모두 합격했는데 그가 후쿠야마에서 생활하던 시절에 기른 한학 소양은 나중에 조선에서 김충식과 교류하고 활동할 때 크게 도움이 되었다. 그 당시는 한학 배척론자인 후쿠자와 유키치도 채용시험에서는 한학을 사용했던 것처럼 한학이 동아시아 공통의 교양으로 통한 마지막 시대였던 것이다.

갑신정변 평가를 둘러싸고
甲申政変の評価をめぐって

강영자는, 재일조선인 2.5세이다. 교토(京都)대학 문학부를 졸업하고 동 대학 대학원에서 박사과정을 수료한다. 강사 활동을 하면서 『나에게는 아사다 선생님이 있었다(私には浅田先生がいた)』라는 책으로 상을 수상했다. 이 글은, 근대 개화사상으로 알려진 갑신정변에 대해 부루조아적 성격으로서 새로 접근하여 적고 있다.

1884년 갑신정변 혹은 그것을 담당한 김옥균 등 개화파, 및 그의 사상을 어떻게 평가하는가라는 문제는, 조선근대사에 있어서 하나의 중요한 테마로서, 1960년대 이후 매우 많은 논의가 있었다. 그것은 이 사건 속에 합병이전의 조선에 자주적 근대화의 계기를 도출할 수 있는가라는 것에 관심이 있었기 때문이다. 이 논쟁 과정에서 갑신정변의 역사적 성격에 대해 여러 가지 규정이 있었는데, 그것을 항목별로 나열한 것 중 논쟁의 단서를 연 것이 야마베 겐타로(山辺健太郎)의 「조선개혁운동과 김옥균 - 갑신정변에 관련하여」(『역사학연구』247호, 1960.11)라는 논고이다.

실은 야마베 씨는 조선사연구에 있어서는 일본의 조선침략의 실태와 그것에 반대하는 조선인민의 투쟁을 밝혀내는 것에 주안점을 두었고, 또한 그러한 식민지 수탈사의 연구가 일본자본주의 발달사의 연구에도 이바지한다는 관점이 관철되고 있다. 그러한 입장

페이지
76-81

필자
강영자(康玲子, 1956~)

키워드
개화사상,
야마베 겐타로
(山辺健太郎), 김옥균,
부르주아

해제자
전성곤

에서 야마베 씨는 많은 업적을 남겼는데, 그 반면 조선근대사를 일본사 측면에서가 아니라 조선사 그 자체로소 내재적으로 연구한다는 시점은 희박하고 그것이 갑신정변의 부정적 평가로 연결된 것이라고 생각한다.

즉 갑신정변에 있어서 개화파를 원조한 일본에 침략 의도를 도출하고, 그것을 중심에 두었기 때문에 개화파 측의 의도 그 사상적 배경에 대해서는 고찰을 이루지 못한 채 그들의 진보성만을 전면 부정해버리게 된 것이다.

이러한 야마베 씨의 견해에 대해 반론을 제기한 것이 공화국에서의 공동연구 『김옥균』(조선민주주의 인민공화국 사회과학원 역사연구소 편, 1964)이다. 이 『김옥균』은 논문 10편으로 구성된 대저(大著)로, 김옥균 개인의 생애에서 개화파 활동, 사상, 더 나아가 당시의 조선사회의 경제상태까지를 분석한 후, 갑신정변의 역사적 지위를 논했다.

그것에 의하면 개화사상은 1860년 이후 봉건제도의 위기, 자본주의 열강의 수탈 국면 속에서 봉건통치의 속박에서 빠져나오려는 상인과 자본가의 이익을 대변하는 중인 계층(양반과 상민의 중간에 있으며, 역관, 의관 등 실무 기술을 가진 지식 계층)사이에 형성된 계몽사상으로 유일하게 역사 발전의 합법칙성을 갖춘 사상이었는데, 당시 미약한 자본주의적 관계 속에서는 위로부터의 개혁 방향을 지향하지 않을 수 없었다.

1860~70년대의 계급적 모순 심화와 봉건적/민족적 위기의 심화에 의해 부르조아적 개혁은 눈앞의 과제가 되었다. 이처럼 절박한 객관적 요구에 대해 주체적 역량은 더욱 미약했기 때문에 개화파는 정변을 위해 청·일간의 국제적 모순의 이용이 어쩔 수 없는 것이 되었다. 부르주아적 성격을 갖는 것으로 그것은 개화파 정권이 선포한 강령에 반영되어 있다. 이 정변은 애국적·반침략적인 성격을 갖는 것으로 열강 침략에 의한 민족적 위기를 구하기 위해

변혁을 시도한 것이다. 따라서 일본을 이용한 것도 어디까지나 전술적 입장에 지나지 않았다. 그리고 그러한 애국적 부르주아 개혁의 시도인 갑신정변이 실패한 원인으로서는 첫째 개화파의 계급적 제약성도 전술상의 착오, 둘째 일·미 침략자의 배신행동을 들고 있다. 그러나 실패로 끝났다고 해도 갑신정변은 종래의 반봉건, 반침략 민족운동에 명확한 부르주아적 성격을 부여했고 이후의 운동 발전에 커다란 영향을 주었다. 그러한 의미에서 그 역사적 의의는 매우 커다란 것이었다.

남편·야나기 무네요시를 말한다
夫·柳宗悅を語る

이 글은, 야나기 무네요시의 조선관련 내용을 부인의 입장에서 경험을 바탕으로 적고 있다.

야나기가 조선 공예품에 매료된 계기가 된 것은 다카무라 고타로(高村光太郎)가 관여하고 있던 류일장(流逸莊)이라는 가게에서 작은 전람회가 열렸을 때 그곳에 출품되었던 이조백자를 보고 크게 감격하였기 때문이라고 듣고 있다. 우리들이 결혼한 것이 1914년이니까 야나기가 처음으로 조선에 간 것은 그 다음 다음해였다고 생각한다.

그곳에서 여러 가지를 보고 돌아다니는 중에 아직 일본이나 조선 사람들이 조선에 미에 대해서 알지 못하는 듯하여 그것을 널리 알리겠다고 결심하여 이조백자를 수집하게 되었다. 그 이후 야나기가 도요(東洋)대학의 교수가 된 1919년에 조선에서 만세운동(3·1독립운동)이 일어났는데, 탄압이 매우 심하여 이에 분개하여 「조선인을 생각한다」(『요미우리(読売)신문』, 5월 20~24일)을 썼다. 그때 그의 분노를 잘 기억하고 있다.

그리고 다음해 1920년에는 「조선의 친구에게 보내는 글」(『동아일보』, 4월 19일)을 쓰고 그곳에 '조선에 대한 나의 정을 피력하기 위해 음악회를 당신에게 받치고 싶다'고 적었다. 그리고 야나기와 함께 조선에 갔는데 장미꽃이 피는 5월이었다. 이때 나는 처음으로

페이지
92-95

필자
야나기 가네코
(柳兼子, 미상)

키워드
야나기 무네요시,
다카무라 고타로
(高村光太郎),
조선총독부, 염상섭,
김영환, 최승희

해제자
전성곤

외국여행을 해본 것으로 배 멀미가 났고 동행한 버나드 리치와 야나기는 즐거운 듯이 이야기를 하면서 샌드위치 등을 먹기도 했는데, 나는 배 멀미를 심하게 앓았던 것을 기억한다.

최초의 서울 인상은 벌거숭이산들이 많았고 빨간 흙이 그대로 노출되어 보였는데 그 산들 색깔이 형용할 수 없을 정도로 좋았다. 그리고 거리를 걷는 사람들의 복장이 흰색 하나로, 강가에는 흰 세탁물을 말리고 있었다. 그것들이 산하(山河) 풍경화와 같은 인상을 주었고 훌륭하게 조화를 이루고 있었다. 그래서 음악회를 마치고 일본에 돌아오니 산야가 녹음이 짙은 것과 여성들이 기모노 색깔이 수수하게 보여서 조금 더럽게 보이기까지 하여 조금 곤란하기도 했다.

야나기의 여동생 치에코(千枝子)가 조선총독부 공무원인 이마무라 다케시(今村武志)와 결혼한 상태여서 그곳에 머물렀다. 야나기는 2살 때 여동생이 어머니 뱃속에 있을 때 아버지가 돌아가셨기 때문에 둘은 서로 의지하며 자랐다고 한다. 결혼을 하고 나서도 여동생은 나에게도 잘 대해 주었다. 우리들이 조선에 갈 때에는 언제나 여동생 집에서 머물렀다.

이 때의 조선행의 경위에 대해 자세한 것은 잊어버렸지만, 다카사키 무네지(高崎宗司) 씨이「야나기 무네요시의 조선행」(『생활의 창조』4호)에 의하면 동아일보사의 염상섭 씨가 중심이 되어 움직였다고 한다. 그는 게이오대학 학생 시절에 야나기가 쓴「조선인을 생각한다」를 읽고 감격하여 우리 손자 집에 찾아온 적이 있었다.

이 시기는 일본에서는 아직 유럽 음악이라는 것이 초창기였고 조선에서도 우리 음악회가 처음이었던 듯 하다. 나와 함께 음악 공부를 하고 있던 조선 사람은 내가 알고 있는 한 우에노(上野) 음대에서 피아노를 공부한 김영환 정도였다고 생각한다. 내 음악회가 계기가 되었는지 그 이후 음악을 공부한다는 사람이 나온 듯

하다.

　최승희 씨와 처음 만난 것도 이때로, 아사카와 노리타카(浅川伯教) 씨의 부인이 서울의 숙명여학교에서 교편을 잡은 것도 있어 그곳에서도 음악회를 열었는데, 최승희 씨는 아직 그곳의 학생이었다. 그녀는 아사카와의 부인의 소개로 방문을 했고 매우 감동을 받은 모습이었다. 본인도 음악을 공부하고 싶다고 말했다. 최승희 씨는 이시이 오토코(石井漠) 씨의 문하에 들어가 무용가로서 활약하게 되는데, 도쿄에서는 최 씨의 집에 식사 초대를 받기고 했고 지속적으로 교류했었다.

우수리(Usuri) 지방 조선인 이민사

ウスリ一地方朝鮮人移民史

우미노 미네타로는 기행 작가이다. 이 글은 러시아의 우수리 지방에 거주하는 한인들에 대해 적고 있다.

어머니가 젖먹이 아이를 등에 업고 있다. 아버지는 젖먹이 아이의 손을 잡고 걷는다. 재산 가재(家財)는 박(瓢簞)에다 담았다. 조선인 민가는 이주자를 위해 숙소를 제공했다. 그런 집들을 전전하면서 일가족(一家族)은 북(北)으로 북으로 이동한다. 살아갈 터전을 잃은 남부 조선의 사람들이 확실치도 않은 활로(活路)를 찾아 두만강을 건넌다.

이것은 일본제국주의의 조선 침략에 의해 생겨난 풍경인데, 이 침입의 결과로 1910년 식민지화 직후 1개월간에 5만 명이라는 이민자가 생겨나기 시작했고 표현(만철조사부,『재만조선인의 이주 입식(入植) 과정과 수전(水田) 경영형태』전편)이라고 하듯, 정치적인 소산이었다. 국경의 마을 회령(會寧)에서 1914년 도강자(渡江者)를 기록한 것(오노 히사타로〈小野久太郎〉,『조선과 만주국(朝鮮と満州国)』)에 의하면 1만 5000명이라는 숫자라고 적고 있다. 그렇다고 한다면 하루에 408명을 넘는 사람들이 강 저편의 간도를 향해 건너갔다는 것이 된다.

회령 이외에 이민의 파도를 나른 국경의 중계점으로서는 마찬가지로 두만강 연안인 상삼봉(上三峰), 경원(慶源), 경흥(慶興) 등이

페이지
96-107

필자
우미노 미네타로
(海野峯太郎, 미상)

키워드
일본제국주의,
재만조선인, 우수리,
선주민

해제자
전성곤

있으며 사람들은 간도, 우수리 지방으로 향했다. 만포(滿浦), 혜산(惠山) 등을 거쳐 압록강을 넘으면 우수리 지방이다. 여기에는 동변도(東邊道)가 전개되고 있다.

일본 침략 이전과 이후에는 사람들은 다른 사정에 의해 이민을 결심했다. 처음에 이민의 주체는 함경북도 출신자를 중심으로 한 사람들이었고, 두만강 반대편 기슭의 간도, 화룡 지방을 향했다. 1869~1870년에 유명한 대흉작이 함경도를 엄습했다. 초기이민의 사유는 홍수나 기아, 흉작, 혹은 농업으로는 먹고 살 수 없는 경제적인 것이었고 이조(李朝)의 폐정(弊政)이 중첩된 것이었다.

오늘날의 소련령이나 중국령 그리고 일본령에 조선인 이민이나 그 자손들이 민족집단을 이루어 생활하고 있으며 그 숫자는 공표된 것만 해도 300만에 가깝다. 이들 지역의 조선인은 전체적으로 19세기 중반을 기점으로 형성된 역사적 존재라고 생각되어 왔는데, 그 이후 얼마나 더 많은 사람들이 이러한 시대적 수용돌이 속에 놓이게 되었는가. 그리고 이민사가 1세기 가까운 스케일로 전개해 온 것을 생각해 보면 민족의 서사시라고 부를 정도의 드라마를 생각하지 않을 수 없다.

우리들은 우수리지방 조선인 이민의 모습을 지금부터 들여다보고자 하는데, 염두해 두고 있는 것은 저 머나먼 시간과 공간 속에 생기(生起)한 삶의 총체에 대한 것들이다.

우수리지방에 대해 이야기할 때 잊지말아야할 하나의 조건이 있다. 그것은 선주민족인 나나이, 오로치의 존재이며 그들이 산 땅과 그 역사에 대해서이다. 청나라, 조선의 봉금(封禁)이라는 무인화 정책이 취해진 간도와는 달리 우수리지방은 지극히 적은 소수이기는 하지만 어로, 수렵에 의해 사는 선주민이 있었다.

제정 러시아라는 근대가 이 지방을 통합, 지배할 때 - 그것은 1860년 즉 지금부터 124년 전으로 거슬러 올라가는 것에 지나지 않는다 - 이 지방은 변경화 되었다. 러시아는 외압과 내압에 신음

하고 있던 청나라로부터 아무르 강 연악, 우수리 지방을 수장에
넣었는데(북경조약), 그러나 우수리지방은 청나라의 지배하에 있
었다고 하는 것을 틀렸다. 만주목이나 한족이 이 지역을 눈에 띄게
출입하게 된 것은 19세기도 더 지난 이후이다. 게다가 그들은 정치
적 망명자였고 유민들이었다. 혹은 조선인으로 인삼 채취자들이라
는 일시적 입경자(入境者)들에 지나지 않았다. 1689년 네르친조약
에 의해 중국이 처음으로 맺은 평등조약이라고 평가되는 것임에도
불구하고 여기서 증명된 것은 지리적 관념의 무지함이었고 그것이
이후 러시아에 허점을 보이게 되는 것의 상징이 된 '화외(化外)'의
땅이었던 것이다.

정담

재일·재미 조선인·중국인

[鼎談] 在日·在米の朝鮮人·中国人

재국휘는 1955년 일본에 건너가 도쿄대학(東京大学) 대학원에서 수학했다. 이후 아시아경제연구소 주임연구원을 거쳐 릿쿄대학 교수가 된다. 중일관계사, 대만사, 화교문제를 연구했다. 대만으로 돌아가서 활동하다가 2001년에 세상을 떠났다. 저서로는 「대만과 대만인(台湾と台湾人)」, 「화교(華僑)」, 「일본인과 아시아(日本人とアジア)」 등이 있다. 강재언은 제주도 출신의 재일 역사학자다. 『계간 삼천리』의 편집위원을 맡았다. 일본 각 대학에서 역사학자로 활동했다. 오사카상과대학(大阪商科大学)에서 수학했고, 재일조선인 운동에 참여했다. 이 글은 강재언과 대담 형식으로 재일조선인 문제를 법적 지위, 다민족사회의 문제로 다루어 진행한다.

페이지
108-120

필자
조영환
(曺瑛煥, 1926~2017),
재국휘
(載国輝, 1931~2001),
강재언
(姜在彦, 1926-2017)

키워드
세계사, 북경어,
『루쉰(魯迅) 전집』,
화교사회, '근대'

해제자
전성곤

세계사에 있어서의 근대의 산물

재국휘(載国輝): 일본에 와서 무엇보다도 느낀 것은 재일조선인과 우리들의 언어 상황이 다르다는 것이다. 예를들면 모어(母語)가 나와 아내는 다르다. 게다가 북경어라는 중국 표준어가 있는데 우리들은 이 북경어 – 현재 중국 대륙에서는 보통어, 대만에서는 '국어'라고 말하고 있는데 – 이를 전혀 모르고 자랐다.

강재언: 부인의 모어가 다르다는 것은 출신지가 다르다는 것인가.

재국휘: 그렇다. 중국대륙에서 타이완으로 이주한 동일한 한족

이지만, 부인의 조부는 복건성(福建省) 남장주(南漳州)이고 나는 광동성(廣東省)의 객가(客家) 출신이다. 1945년 8월 15일 이전 타이완에서는 광동성 객가출신이 13%정도로 80%가 남복건성 출신이고 나머지는 소수민족 산지 원주민이었다. 그런데 1945년 이후 국민당군이 들어와서 표준어의 북경어가 사용되게 되었던 것이다. 그 이전에는 나의 형처럼 도쿄의 대학에서 북경어를 일본인 선생님으로부터 배우고『루쉰(魯迅) 전집』등 일본어 번역을 읽는 상황이었다. 또한 형의 아들 즉 조카들은 전쟁 전에 일본에 왔기 때문에 북경어를 배울 기회가 없었다. 그래서 본국과 연결되는 것이 없다. 그런데 나는 화교 사회에서 강연할 때 항상 말한다. 우리들은 재일조선인의 활약에 '감사'하지 않으면 안 된다. 예를 들면 출입국 관리법에서도 이번의 지문 날인 문제에서도 우리들은 숫자가 적어서 그것에 따라가기만 한 것 등이 그것이다.

　조영환: 그것을 들으면 일반적으로 아메리카에서의 아시아계 사람들은 흑인과 멕시코인에 감사하지 않으면 안 되는 점이 많다고 느껴진다. 왜냐면 아시아계 사람들은 아메리카에서 모범적인 소수민족, 침묵의 소수민족이라고 말해진다. 즉 흑인이 제일선에서 싸워 고생해서 얻은 권리를 아시아인은 그대로 향유하고 있는 것이다. 그렇기 때문에 흑인은 아시아인을 그다지 좋아하지 않는다. 언제나 자신들이 싸웠고 이익은 모두 당신들 것이 된다고 보기 때문이다.

　재국휘: 화교사회, 특히 재일화교의 특징은 이데올로기적으로는 분리되어 있지만, 공통적인 것은 저소득층이 거의 없다고 할 수 있을 정도의 중산계급 중심의 그룹이다. 그렇기 때문에 전투적이지 않다. 그것과 중국이라는 숨겨진 '위장'이 있기 때문에 언제나 우회하여 얼버무려 버릴 수 있는 것이다. 기본적인 문제의식으로서는 일본의 식민지지배를 조선인 친구들이 비판하고 있는 것에 비해 타이완 출신의 우리들은 침묵하고 있다. 우리들이 침묵하고

있으면 '조선인은 바로 일본인에게 불평을 말한다'며 '곡해'하여 비난하는 일본인이 나온다. 그렇기 때문에 우리들도 정확하게 말을 해야 한다고 생각하며, 내 자신은 말을 하고 있다고 생각한다.

또 하나 아시아경제연구소라는 것은 통산성의 외곽단체로서 통산성 사이드의 화교연구에 대한 진짜 목적은 무역 진흥을 위해 화교의 유통망에 어떻게 들어갈까라는 것에 있다.

재국휘: 그러한 입장만으로 화교문제를 생각하는 것은 좀 곤란하다. 어떤 의미에서는 재일조선인도 또한 재일화교를 포함하는 전세계 화교도 세계사에 있어서의 '근대'가 만든 존재로서, 그것을 어떻게 연관시켜 사회과학연구 대상으로써 어프로치하고, 그들이 놓인 시대적 상황에 비추어 세계사적 시야에서 어떻게 발언 할까라는 것이 나의 화교문제연구에 대한 하나의 입장이다. 세계적인 화교문제, 세계사로서의 '근대'라 낳은 말하자면 조선 해외교포, 그리고 인도교포, 역사를 더 거슬러 올라가면 유대인, 이들은 모두 공통된 보편적인 문제가 있다고 보는 것이 내 발상이다. 그래서 이들 문제를 기본적으로 세계사의 스케일에서 어떻게 받아들이고 해결할 수 있는 출구가 어디에 있는가를 계속 생각해 왔던 것이다. 민족문제는 궁극적으로는 계급문제라고 하는 고전적인 테제를 상기하기도 하지만, 그러나 현실은 혼돈적이며 그것만으로는 상쾌하지 않은 것이 현재의 대세이다. 현재는 계급문제와 민족문제가 교차하면서 움직이고 있고, 그것을 단계론으로서 일단은 위치 짓고 생각해 보면 어떨까 하는 것이 나의 주장이다.

식민지체험과 전후 의식

植民地体験と戦後の意識

이소가이 지로는, 아이치현(愛知県) 출신이다. 아이치(愛知)대학 법경제학과를 졸업했고, 1977년부터 나고야(名古屋)에서 「재일조선인 작가를 읽는 모임(在日朝鮮人作家を読む会)」을 주재하면서 문예지 『가교(架橋)』를 발간한다. 대학 강사를 지내면서 신일본문학회, 마당극 그룹, 외국인등록법 반대운동을 전재하고 재일한국인에 대한 참정권 부여 운동에 관여했다. 2006년에는 전체 18권에 이르는 『〈재일〉 문학 전집』을 편집했다. 이 글은, 일본 작가들이 기록한 식민지 지배 하의 조선에 대해 적고 있다.

이번에는 일본에 의한 식민지지배하의 제상(諸相)이 체험 근거를 통해 쓰인 작품을 소개하자. 1949년 36세 때 다자이 오사무(太宰治)의 묘 앞에서 자살한 다나카 히데미쓰(田中英光)는 부서지기 쉬운 순수한 감수성을 내포하고 있었기 때문에 데카당스를 위장하고 있던 작가가 아닐까 하고 생각한다. 그가 조선체험에 대해서 쓴 몇편의 작품 중의 대표적인 것은 「취한 배(酔いどれ船)」(1970)(하가 서점(芳賀書店), 『다나카 히데미쓰 전집(田中英光全集)』)에서도 그것을 엿볼 수 있다.

「취한 배」는 전후 일찍이(1948년 발표) 조선이 그려진 소설로, 그것과는 별도로 귀중한 의미를 갖고 있다. 작가자신이 피식민지 조선에서 '내선일체'화의 문학운동을 추진한 체험을 그려낸 소설

페이지
209-219

필자
이소가이 지로
(磯貝治良, 1937~)

키워드
다자이 오사무
(太宰治), 다나카
히데미쓰
(田中英光),
「취한 배」,
조선문인협회

해제자
전성곤

작품은 전후 일본문학 속에서 진귀한 것이었다.

다나카 히데미쓰는, 중간에 소집된 것을 포함해 1935년부터 38년까지, 1940년 초두부터 42년 12월까지의 6년간을 조선에서 보냈다. 공업용 고무 제품 판배회사에 근무하면서 문학을 꿈꾸던 청년이었다. 그때의 체험을 적은 단편을 보면 일본에 의한 식민지정책 변화를 그대로 반영하고 전기와 후기 작품에는 두드러진 차이가 나타나고 있다.

다나카 히데미쓰가 두 번째 조선에 건너간 것은 1940년대 이후라고 한다면 창씨 개명이나 일본어 사용의 강요, 조선문인협회 설립 등, 문화침략의 양상이 점점 노골적으로 나타난 시기로, 막 작가로 데뷔한 히데미쓰는 시대의 바람을 타고 국책의 앞잡이와 비슷한 역할을 담당하게 된다. 그 체험을 생생한 사실과 픽션으로 그려낸 것이「취한 배」였다. 문학보국운동에 도약하는 지식인의 생태와 조선의 작가들의 어두운 그림자를 배경으로 주인공 사카모토(坂本享吉)가 술과 여자에 빠진 처절한 날들, 그리고 여성 시인 노천심(노천명이 모델인가)와의 연정(戀情)을 그렸다.

소설의 무대장치가 된 것은 도쿄에서의 대동아문학자회의에 출석한 중국, 러시아의 저널리스트 대표를 돌아가는 길의 부산과 경성에서도 접대하는 이야기이다. 대표단 중에는 루쉰의 동생 주작인과 니콜라이 바이코프, 당시 남경부 촉탁이었던 시인 구사노 신페이(草野心平) 등의 얼굴이 있었다. 일행을 환영하는 일본인 대표는 총독부촉탁인 군보도부 고문으로 경성제국대학 교수 가라시마(唐島)박사나 '청인초연맹(녹기연맹)'회장인 미야코다 니로(都田二郎)(녹기연맹 이사였던 쓰다 사카에(津田栄)의 동생이다), 『경성일보』학예부장인 다무라(田村) 등 당시조선의 저널리즘을 좌지우지하고 있던 문학보국운동을 추진한 인물들이었다.

『계간 삼천리』10년을 맞아

개념! 이 격렬함

『季刊三千里』10年によせて: 槪念! この激烈な

시바료 다로는 오사카 출생으로 오사카외국어대학(大阪外語大学) 몽고어학과를 졸업했다. 『산케이신문(産経新聞)』 문화부에 근무했는데, 1960년 『올빼미 성(梟の城)』으로 나오키상(直木賞)을 수상하고 이후 역사소설을 화제작으로 발표하게 된다. 1966년에 『료마가 간다(竜馬がゆく)』, 1993년에는 문화 훈장을 받게 된다. '시바사관(司馬史観)'이라고 불릴 정도로 명석한 역사에 대한 시선을 갖고 있으며 커다란 신뢰를 받았다. 1971년부터 『가도를 간다(街道をゆく)』 등의 연재를 시작했는데 중간에 급서(急逝)했다. 『시바료타로 전집(司馬遼太郎全集)』(전체8권)이 있다. 이 글은 필자가 한국과 독일에서 유학한 경험을 바탕으로 새로운 공동체 형성에 대한 이론적 세계를 제시하는 내용이다.

나는 사물을 비관적으로 보려는 경향은 없다. 그러나 조선·한국인과 일본인의 집단 대 집단 간에 대해서는 낙관적인 기분을 갖지 못하고 있다. 이웃으로서 상호간의 문화와 역사를 이해하고 존경할 수 있는 관계가 되는 것은 100년 이내에는 무리인 것 같은 기분이다.

앞뒤도 없이 '36년이다'라며 우리집 현관 앞에서 선량한 얼굴로 말한 재일조선인의 아주머니가 있었다. 기묘하게도 그것만으로 이야기가 나에게 통했다. 용건은 그녀가 속한 조직이 발행하는 잡지

페이지
236-239

필자
시바료 다로
(司馬遼太郎,
1923~1996)

키워드
36년, 개념,
개념의 교환,
재일한국·조선인,
개념으로서의 일본인

해제자
전성곤

를 구독해 달라는 것이었다. 말을 다하지 못한 부분은 '일본은 이전에 36년간 조선을 식민지 지배했다. 당신은 그것에 대해 속죄의식이 있을 것이다. 그러니 이 잡지의 정기구독자가 될 필요가 있다'였다. 물론 나는 기꺼이 그 권유를 받아들였다. 흥미로운 것은 논리도 없이 이것만으로 이야기가 통한 것이다. 이 경우 내가 개인이라는 것조차 그녀에게 인정받지 못하고 있다. 나는 그녀에게 '개념으로서의 일본인'인 것이다. 그러니까 통한 것이다. 개념의 교환인 것이다.

'개념의 일본인'인 나는 임진왜란(壬辰倭亂)·정유재란(丁酉再亂) 때 도요토미 히데요시(豐臣秀吉)의 병사로서 조선 전국을 파괴하고 다녔다. 그리고 20세기 초까지 살아서 대한제국을 약탈하고 한국을 병합했다. 더 나아가 장수하면서 15년 전쟁 때에는 조선인의 개인과 존엄의 상징인 성씨를 빼앗고 일본어를 강요하고 강제노동에 동원하여 많은 사람들을 죽게 만들어가 가족들을 이산(離散)하게 만들었다.

이후 죽지 않고 재일한국·조선인(앞에 게재한 것과는 순서를 바꾸었다)를 차별하고 취직 기회균등을 부여하지 않고 더 나아가 조선 전쟁에 의해 전쟁 경기(景氣)를 통해 돈을 벌기도 했다. '너는 그런 인간이다' 혹은 '나는 그런 사람입니다'라고 하는 것이 '개념으로서의 일본인'이다. 물론 내 개인에게는 그런 기억은 없다. 적어도 나는 4백년의 세월을 살아온 사람이 아니다. 그러나 개념 앞에서는 개인적 존재는 압살(壓殺)당한다. 혹은 연기처럼 실태가 없는 것이다.

나는 전쟁 말기에 2년간 군대에 있었다. 그런데 '일본육군론'이라던가 혹은 일반론으로서 '군대론'이라는 것도 한마디나 두마디로 말하는 것, 즉 '개념화 해라'라고 한다면 그럴만한 능력이 나에게는 없다. 그것을 만약에 한다고 한다면 자신의 작은 경험뿐만 아니라 다른 많은 사람들의 경험을 메모하고 다니지 않으면 안 되

며, 도서관에 틀어박혀 동서고금의 군대에 대해 자료를 섭렵하지
않으면 안 된다.

그 이후에는 무수의 구체적인 예를 추상화 하여 보편적인 것 –
누구라도 이해하고 납득할 만한 것 – 을 도출하지 않으면 안 된다.
개념화라는 사상은 칼처럼 위험성을 가진 투망처럼 거대함을 갖는
작업은 그러한 수속에 의에 겨우 가능한 것이다.

『계간 삼천리』10년을 맞아

『계간 삼천리』에의 기대

[『季刊三千里』10年によせて] 『季刊三千里』への期待

페이지
239-240

필자
하타다 다카시
(旗田巍, 1908~1994)

키워드
7·4공동성명, '창간사',
남북통일, 문화교류

해제자
전성곤

하타다 다카시는 일본의 역사학자로 1931년 도쿄제국대학 사학과를 졸업했다. 1939년 동방문화학원 위탁사업연구원이 되어 이듬해 중국으로 건너갔다. 리쓰메이칸(立命館)대학, 도쿄도립(東京都立)대학에서 가르쳤으며 고려시대 신분 문제에 관한 논문을 발표했다. 주요 저서에 『조선사』 등이 있다. 이 글은 『계간 삼천리』의 10여 년 동안의 행적에 대해 적고 격려하고 있다.

『계간 삼천리』가 창간으로부터 10년이 지나고 40호를 간행하게 되었다. 이 10년간에는 많은 곤란함과 장애가 있었다고 생각된다. 그것을 극복하고 여기까지 잘 왔다고 생각하며 경복(敬服)한다. 창간호를 꺼내어 보면 그 권두에 '창간사'를 싣고 있다. 그것을 보면 첫째 7·4공동성명에 의거하여 남북통일에의 절실한 희망을 담고 있으며, 둘째 일본과 조선 사이의 뒤틀린 관계를 풀어 상호이해와 연대를 꾀하는 것이다. 이 두 가지가 『계간 삼천리』를 간행하는 취지였다고 생각한다.

매우 이상적인 훌륭한 취지가 아닐 수 없다. 동시에 무겁고 엄중한 문제를 다루고 있었다. 일조일석(一朝一夕)으로 해결할 수 있는 것이 아니다. 이 10년 간 『계간 삼천리』는 당초의 목표를 향해 계속 노력해 왔다. 그 초지(初志)를 잊지 말고 금후에도 더욱 노력해 주기를 바란다.

그러나 이 희망이 어디까지 달성될 수 있는가하면 현실의 엄중
함을 다시 한 번 느끼지 않을 수 없다. 남북은 분단된 채로 통일
전망은 없다. 남북 간의 서신 교환이나 스포츠, 문화 교류라도 시
행했으면 한다. 그것조차 불가능한 상황이다. 남북 민중, 재일조선
인, 일본인의 대부분이 통일을 원하고 있다. 하지만 밝은 전망은
아니다.

도대체 어떤 힘이 다수의 희망을 저해하고 있는 것일까. 화가
나지 않을 수 없는데, 포기에 가까운 감정이 들기도 한다.

그러나 절망해서는 아무것도 없게 된다. 희망을 잃지 않고 한발
이라도 반발이라도 걷지 않으면 안 된다. 『계간 삼천리』가 일본에
있다는 것을 살려서 남북에 대해 등거리의 시점을 취해 다수의 희
망에 응할 수 있도록 노력해 주기를 희망한다.

일본과 조선의 상호이해에 대해서는 남쪽의 한국과는 서로 많이
진행시키고 있다고 생각한다. 한국의 여론조사에서는 일본은 싫어
하는 나라로서 상위를 차지하고 일본 여론조사에서는 한국과 친해
지고 싶다고 하는 의견은 소수였다. 또한 양국의 정권 담당자의
밀착이 민중 레벨의 상호이해를 저해하는 경우가 있다. 그러나 이
러한 상황 속에 있으면서도 인간의 왕래, 문화 교류는 매년 성행하
여 상호이해는 깊어져 가고 있다고 생각한다.

상호이해를 꾀하기 위해 중요한 것은 서로 간에 인간으로 존경
과 친애의 관념을 갖는 것이라고 생각한다. 존경하고 친해지는 인
간의 존재를 아는 것이 무엇보다도 중요하다고 생각한다. 『계간
삼천리』는 이 측면에서 많은 성과를 내고 있는데, 금후에도 더 노
력하여 주기를 바란다.

계속은 힘이다

[『季刊三千里』10年によせて] 繼續は力である

우부카타 나오키치는 아이치(愛知)대학 교수이다. 주요 저서로는 『재일조선인·중국인의 귀화와 이에제도(在日朝鮮人·中国人の帰化と家制度)』, 『일본인의 조선관(日本人の朝鮮観)』, 『민족권리와 교육권(民族権利と教育権)』등이 있다. 이 글은 재일조선인의 특수한 위치에 대해 언급하면서 정주외국인의 권리 문제에 대해 적고 있다.

본지 39호의 정담(鼎談) 주제인 「외국인등록법을 둘러싸고」 속에서 김달수 씨가 다음과 같이 말했다. '오늘날은 재일조선인도 세대가 바뀌어 와서 앞서 다나카 씨가 말한 것처럼 70년대에 들어 인권의식에 대해 눈 뜬 사람들이, 2세 3세 사이에서 나오고 있다. (중략) 즉 발을 땅에 딛는 생활이 시작됨과 동시에 권리 의식이 생겨난다는 관계로 되었다. 마찬가지로 일본인과의 연대가 새롭게 생성되고 자주성을 가진 실속 있는 운동으로서 지금 일어나고 있다고 생각한다'

이러한 발언을 살짝 던지면서 현실의 재일조선인의 법적 지위와 그 의식에 대해 중요한 시사점을 주고 있다. 따라서 이 발언을 법적 측면에서 본다면 대체적으로 다음과 같다.

제2차대전 후 서유럽에서는 본국이 아닌 나라에 거주하는 개인 혹은 노동하는 개인은 정주외국인(permanent residents)라 불려 재

페이지
240-241

필자
우부카타 나오키치
(幼方直吉, 1905~1991)

키워드
정주외국인, 김달수,
재류국, 강제연행,
공문화(空文化)

해제자
전성곤

류국에 일시적으로 체재하는 외국인과 구별하여 다루게 되었다. 즉 국정선거권이나 병역은 별개로 하더라도 일상생활면에서는 내국인과 그다지 차별이 없었다. 또한 각국과도 이들 외국인에 대해 차별을 금지하는 입법이 실시되게 되었다. 이 점은 아직 충분하게 철저히 이루어지고 있다고 말할 수는 없지만, 내외평등주의는 특히 정주외국인에 대해 구체화되어 왔다. 그렇기 때문에 1979년 국제연합 경제사회이사회 인권위원회에 '정주외국인의 인권에 관한 선언안'이 제출된 것도 이러한 동향의 국제적인 반영이라고 볼 수 있다.

앞서 언급한 김달수 씨의 발언에 있는 재일2세, 3세가 '일본에서 살아간다'고 하는 것에서 나온 권리의식이란, 바꾸어 말하자면 정주외국인으로서의 권리의식이 아닐 수 없다. 모든 권리의식에 근거하여 젊은 세대의 일본인과의 연대가 형태 지어져 온 것은 정담(鼎談) 속의 구체적 사례에서도 볼 수 있다.

이미 재일조선인의 대부분을 차지하는 2세, 3세의 의식변화가 1970년대 초기부터 보여지고 있었다. 그것은 서유럽의 정주외국인에 상당하는 경우가 일본에서 보인다고 말할 수 있을 것이다. 단 양자에는 역사적 전제가 크게 상이하다는 것을 간과해서는 안 된다. 서유럽의 정주외국인은 자주적으로 재류국에 온 것이지만, 재일조선인 1세의 대부분은 강제연행의 결과로서 재일하게 된 사람들이다.

『계간 삼천리』가 창간된 것이 1975년인데, 그것은 상기의 재일조선인의 의식의 변화와 거의 상관되고 있는 것은 아닐까라고 생각한다. 1970년대 초기부터의 재일조선인 및 그들의 협력하려고 한 광범위한 일본인의 의식 변화를 일찍이 다룬 것이기도 하다.

이 1975년의 창간사는 그 후 10년이 지났고 『계간 삼천리』 편집으로 구체화되고 1984년 오늘에 이르게 된 것이라고 생각한다. 그러나 정주외국인의 권리를 침해하고 그것을 공문화(空文化)시키려는 세력은 아직도 적지 않게 있다. 이 10년의 역사에 금후 10년을 보태어 『계간 삼천리』 20주년 기념호가 간행될 것을 기대한다.

10년이 지나면 강산도 변한다
[『季刊三千里』10年によせて] 10年たてば山河も変わる

이누마 지로는 1941년 교도(京都)대학 농업학부 농림경제학과를 졸업했다. 1948년 국립국회도서관 주사(主事)를 거쳐 1951년에 농림성 농업기술연구소 기술관이 된다. 이후 1954년 교토대학 인문과학연구소 조교수가 되고 1974년 동 대학 교수로 취임했다가 1981년에 정년퇴임한다. 전후 농업정책을 비판적으로 다루었으며 재일한국·조선인 문제에 관여하는 등 시민운동에도 적극 참여한다. 교토 대학 퇴임 이후에도 「원폭(原爆) 그림」전시회를 개최하고 기미가요(君が代) 소송의 원고측 단장으로서 시민운동의 중심으로 활동했다. 저서로는 『가교(架橋) - 나에게 있어서 조선』(1984)이 있다. 이 글은 『계간 삼천리』의 10년간의 성과에 대해 적고 있다.

1호부터 39호까지를 쌓아보니 반 미터를 넘는다. 게다가 한호 한호가 정성을 들여 편집된 내용으로 꽉차있다. 이러한 잡지를 년 4회 계속해서 발행해 가는 것은 얼마나 힘든 일인가를 나도 조그마한 잡지 『조선인』을 느슨하지만 12년간 내놓고 있어서 잘 안다. '10년 동안 정말 고생이 많았다'고 진심으로 그 노고를 치하하고 싶다.

매호 편집은 만연적(漫然的)으로 한 것이 아니라 '특집'이라는 형태로 그 편집 포인트를 명시하고 있다. 나는 필요에 따라 당해 특집호를 꺼내어 그 문제를 생각하기 위한 단서로 삼고 있다. 특히 7호에 걸친 재일조선인 문제 특집은 이 문제에 대해 불가결한 자료

페이지
242-244

필자
이누마 지로
(飯沼二郎, 1918~2005)

키워드
'특집', 민주화,
『조선연구』,
『조선신보』,
식민지주의

해제자
전성곤

이다.

1975년 2월『계간 삼천리』는 7·4공동성명에 의거하여 통일된 조선을 실현하기 위해 창간되었는데(창간사에 적고 있다), 예상되었던 비난을 방지하는 의미에서 같은 창간호에 '남북 어느 쪽에도 경사되지 않고 '편향적'인 정치성을 배제한다는 것은 결코 박정희를 반민족적으로 보는 관점을 잃는 것이 아니라 '한국의 민주화를 바란다면 역시 반박정권 노선에 서서 싸울 필요가 있다''라는 주장을 내걸고 있었는데(김석범, '당파가 싫다는 것의 당파적인 것'), 아니나 다를까『계간 삼천리』는 조선총련의 집요한 비난을 받기도 했다. 그것은 이전에 총련에 속해 있다가 그 관료적인 것에 견딜 수 없어 탈퇴한『계간 삼천리』편집위원에 대한 감정적인 조롱, 보여주기 위한 징벌이었다. 이전대로라면 재일조선인 사회에서 그 권위에 짓눌려서 불만이 있지만 어쩔 수 없다고 단념할 수 있는데『계간 삼천리』편집위원은 엄연한 자세로 대항했다. 그것이 10호와 20호의 편집위원 전원이 참여한 좌담회이다. 그 이성적이고 논리적인 반박에 의해 총련의 감정적 비논리적 비난은 완전히 논파(論破)되었다.

강재언 씨가 '연대의 일'(『조선연구』77년 7월호)에서 한국에 꺽쇠를 붙여 표기하는 것에서 꺽쇠를 빼자고 주장한 것에 대해, 총련의『조선신보』77년 7월 26일호)는「한국」에 꺽쇠를 붙이는 것은 정당한 이유가 있어서이다.「한국」은 독자적 국가가 아니라 아메리카의 식민지주의의 그물에 걸려 민족의 진정한 삶, 민족의 진정한 자유와 권리를 빼앗겨버렸다.「한국」이라는 말은 남조선사회를 의미하는 경우도 있고 남조선 '정권'을 가리킬 때 사용하는 경우도 있다. 그런데 남조선사회는 미일 양국의 이중의 멍에가 씌여진 운명에 놓여 남조선의 역대 '정권'은 모두 매국적이고 노예적이었고 반인민적인 '정권'이었기 때문에 이들을 꺽쇠를 붙일 수밖에 없다라고 반반했다.

『계간 삼천리』10년을 맞아

지속하는 과제, 그리고 성과

[『季刊三千里』10年によせて] 持続する課題、そして成果

페이지
245-246

필자
고지마 신지
(小島晋治, 1928~2017)

키워드
「김지하」, 안우식,
야나기 무네요시,
3·1운동,
5·4운동

해제자
전성곤

고지마 신지는 이바라기현(茨城県) 출신으로 1952년 도쿄(東京)대학 문학부 동양사학과를 졸업했다. 대학원을 중퇴했고 1967년 요코하마시립(横浜市立)대학 조교수가 된다. 이후 도쿄대학 교양학부 조교수를 거쳐 1977년 교수가 되었다. 1988년 퇴임을 하고 그 이후 가나가와(神奈川)대학 외국어학부 교수를 지냈다. 1988~1992년까지 현대중국학회 대표간사를 맡았다. 이 글은 역사토론회에 참가하여 일본제국주의 침략사만 논하는 것이 아니라 상호이해를 위해 노력한 일본인을 소개하는 것을 통해 한일 간의 상호이해의 논리가 무엇인지에 대해 재고하는 글을 소개한다.

'10년이면 한 옛날'이라는 말이 있다. 언제부터 이런 말이 있었는가, 또한 다른 나라 사람들도 이러한 말을 하는지 어떤지 모르겠다. 그렇지만 분명히 이것은 숨을 헐떡거린 '진보'를, 즉 새로운 것을 추구해 온 근대 일본인의 시간적 내지 역사적 감각을 잘 표현해준다고 생각한다. 1960년대 이후가 되면 10년이 아니라 5년, 아니 3년이 한 옛날이라는 감각이 없는 것은 아니다.

그런데 『계간 삼천리』에 관해서는 한 옛날이라는 감계는 전혀 일어나지 않는다. '창간사'에서도, 특집 「김지하」를 중심으로 한 창간호 그것에 지속되는 수년 동안의 내용들도 전혀 옛것이 되는 것이 아니었다. 생각건대 그것은 1972년의 '7·4 남북공동성명'에 근거하여 '통일된 조선'을 실현하기 위한 절실한 염원이 아직 실현되지 못했고 또한 '조선과 일본 사이의 복잡한 실타래를 풀어 상호간의 이해와 연대를 꾀하기 위한 하나의 다리를 만들어 가고 싶다는 창간의 뜻과 과제가 오늘날 아직 절실한 현실성을 갖고 있다.

후자 쪽 문제와 관련하여 최근 일본 정부가 제안한 한일문화교류위원회 설립을 한국 정부가 시기상조라며 거절한 것, 조용필 씨의 '돌아와요 부산항에'가 일본에서 유행한 것을 식민지지배의 회복을 꿈꾸는 기운의 발현이라고 비판한 한국 지식인들의 의견이 보도되었다. 조용필 씨가 일본의 브라운관에 등장하고 젊은이들에게 환영받는 것을 다행이라고 생각하고 있던 나에게는 후자의 의견은 납득하기 어렵다.

그러나 『계간 삼천리』제37호의 '가교'란에 게재한 안우식 씨의 '잘못된 한일문화 교류론'을 읽으면 '동종(同種) 나라에 이해받지 못하는 한 타국의 문화 침투를 꾀하는 것은 절망'이라고 하는 특파원의 거북한 문장이 『아사히신문』에 당당하게 게재하는 현상에서는 일본 정부가 제기하는 문화교류위원회 설치를 받아들이지 않는 것은 당연한 것이며, 한국 정부가 받아들였다고 해도 지식인이나 민중은 그것에 등을 돌릴 것이라는 것을 잘 알 수 있다.

『계간 삼천리』10년의 노력을 통해라던가, 그러한가라는 생각을 일면적으로는 다 말하기 어렵다. 그렇지만 국가적 배경은 물론 어떠한 조직적 배경도 없이 지속하려는 뜻과 높은 견식만을 의지하여 지속한 10년의 일들이 확실하게 성과를 축적해 온 것은 분명한 사실이다. 이 8월 28일, 29일 양일간 중국의 세 대표 및 개인으로서 참가한 한국의 세 역사연구자, 교육자의 참가를 얻어 열렸다 – 그것 자체 획기적인 것이었다 – '동아시아, 역사교육 심포지움'에서 일본의 어느 한 교사는 진실을 학생들에게 가르치고 있는 것이나 일본의 조선침략, 지배 폭로에만 역점을 두어온 수업의 한계, 때로는 부정적인 영향을 느끼고 야나기 무네요시(柳宗悦)를 중심으로 한 일본인의 우수한 인물의 일도 전달하려고 한다고 말하고, 한국 측의 역사가를 보는 견해를 묻기도 했다. 이것에 대해 서강대학의 이광린선생의 야나기 무네요시 뿐만 아니라 아사카와(淺川巧)에 대한 높은 평가는 일본인 참가자들의 마음을 위로하기에 충분했다.

그리고 『계간 삼천리』는 이런 일들이나 사람들을 일본인에게 전하는데 있어 커다란 역할을 담당했다. 내 자신은 대학에서 1, 2년생을 대상으로 하는 동아시아근대사 강의 준비를 하는데 있어 고교 교과서를 쓸 때 꽤 『계간 삼천리』 신세를 졌다. 10월부터 시작되는 '3·1운동, 5·4운동'에 대한 동시대의 일본, 중국의 견해라는 테마의 세미나를 지금 준비하고 있는데, 이것에 대해서도 이 10년의 『계간 삼천리』에는 매우 유익한 문장이 많이 게재되어 있다. 빈 인사말이 아니라 『계간 삼천리』 전39권은 나의 중대한 서적의 하나이다.

『계간 삼천리』10년을 맞아
엄격함과 온화함
[『季刊三千里』10年によせて] きびしさとなごやかさ

히타카 로쿠로는 중국 청도시(青島市)에서 태어났다. 도쿄고등학교를 거쳐 1941년에 도쿄(東京)대학 문학부 사회학과를 졸업한다. 육군에 소집되어 군에 입대했는데, 폐렴으로 제대한다. 그 후 도쿄대학 문학부 조교가 되었다. 1944년 가을에는 해군기술연구소의 촉탁이 되어 정치정세 조사연구에 종사하게 된다. 전후에는 도쿄대학 신문연구소의 조교수가 되고 1960년에 교수가 된다. 베트남 전쟁에 반대하고 탈영병을 돕는 운동에 참여한다. 1969년에 도쿄대학 분쟁에서 기동대 출동에 항의하여 대학을 사직하고, 1971년 프랑스에 간다. 1968년 2월 김희로사건 때에는 스즈키 미치히코(鈴木道彦) 등과 함께 긴자(銀座) 도큐(東急)호텔에서「김 씨에게」라며 호소하는 문장을 정리했고, 후일 이 문장 내용을 녹음한 테잎을 가지고 김희로를 방문하여 회견했었다. 1976년에 사상의 과학연구회에서 교류한 쓰루미 슌스케의 권유로 교토세이카(京都精華)대학 교수에 취임한다. 이후 추부(中部)대학 교수, 가나가와(神奈川)인권센터 이사장 등을 역임한다. 저서로는『전후 사상과 역사 체험』(1974),『전후 사상을 생각한다』(1980),『전쟁 중에 생각한 것』(2005) 등이 있다. 이 글은,『계간 삼천리』의 독자의 입장이 되어, 그 동안 간행된『계간 삼천리』의 내용에 대한 인상을 소개한다.

페이지
246-247

필자
히타카
로쿠로(日高六郞,
1917~2018)

키워드
대일본제국, 대한제국,
역사적 실증성, 편집부

해제자
전성곤

『계간 삼천리』 창간호의 산뜻한 인상은 잊을 수가 없다. 이 잡지에 의해 일본과 조선이라는 아시아 동북의 두 지역에 사는 두 민족들의 관계를 가장 본질적인 곳에서 다루어지는 것은 아닌가. 이후 나는 『계간 삼천리』에 두 개의 인상을 갖게 되었다. 그것은 엄격함과 온화함이다.

메이지(明治) 이후 근대 국가 대일본제국과 대한제국과의 관계를 국가와 국가의 관계로서 본다면, 일본인 혹은 일본 민족으로서 말 그대로 옷깃을 여미고 자성하지 않으면 안 되는 엄격함이 그곳에는 있다. 『계간 삼천리』는 그것을 계속해서 추구해 왔다. 그 엄격함은, 하나는 사상적 근원까지 파고들어가는 격투로서 동시에 역사적 실증성의 상세함을 확인하는 실증 작업으로서 전개되었다고 생각한다. 그것은 단순하게 원환으로서의 지탄이라는 범위를 넘고 있다.

한편 『계간 삼천리』는 언제나 조선민족이 가진 생활이나 문화, 사상의 풍부함을 오랜 역사적 폭을 통해 독자들에게 제공해 왔다. 나는 그러한 항목들을 매우 즐기고 있다. 그리고 그때마다 내 마음은 온화해졌다. 그러한 온화함을 독자에게 전해주는 것으로 조선민족과 일본민족의 관계가 본질적인 곳에서 사람들에게 보이게 되었다고 생각한다.

일본인 독자가 오로지 온화함만을 요구하여 만약 『계간 삼천리』 편집위원(재일조선인으로 구성되어 있는데)이 엄격함만을 일본인에게 제출해 왔다면, 그 엇갈림은 좋은 과실을 열매 맺지 못했을 것이라고 생각한다. 『계간 삼천리』 편집부는 이 둘을 함께 지면 속에 담아내는 것으로 역사의 과거를 올바르게 인식하는 길을 만들고 동시에 새로운 시대의 민족관계를 상상력의 날개로 감싸 안은 것은 아닐까.

어떠한 민족에 있어서도 정치도 중요하지만, 오히려 생활이나 문화가 더욱 중요하다. 아니 정확하게 말하자면 민중에게 있어서

는 생활이나 문화가 무엇보다도 중요하기 때문에 정치라는 하나의
사회적 기능을 가볍게 보는 것이 위험한 것이다. 그리고 그것은
민족 간의 관계에 있어서도 마찬가지가 아닌가하고 생각한다.

온돌방
おんどるばん

페이지
262-264

필자
아라키
아쓰코(新木厚子),
조영순(趙榮順),
다니구치 유타카
(谷口豊),
나카무라 히데유키
(中村英之),
스즈키 게이스케
(鈴木啓介),

키워드
국가, 지문날인, 배외주의,
시민강좌, 근대동아시아,
조선사

해제자
전성곤

지문날인제도에 대한 생각 도쿄도(東京都) 메구로구(目黑區)·아라키 아쓰코(新木厚子)·도서관원·30세

'국가라는 것을 물과 공기처럼 느끼고 살아가는 국민은 행복하다'라는 글을 읽을 적이 있다. 생활 속에 국가가 들어와 있다는 의식을 갖지 않고 생활해 온 나는 '행복한 국민'에 해당하는 것은 틀림없다. 그렇지만 그것은 나뿐만이 아니라고 생각한다. 국가에 구속되어 있다고 일상에서 느끼는 일본인은 거의 소수로, 대부분 사람들은 그러한 의식을 갖지 못하고 살아가고 있는 것은 아닐까. 그것은 동일한 장소, 동일한 시대에 사는 재일조선인에게 강요하는 것 - 자신의 존재를 5년마다 등록하고 그때마다 지문을 날인하고 등록증명서는 언제 어떠한 상황에서도 휴대할 것을 강요당하고 있다 - 을 전혀 알지 못하고 혹은 이해 불가능할 정도로 둔감해인 우리 일본인들을 생각하게 된다.

같은 회사에 다니는 재일조선인이 매일매일 어떻게 압박을 받고 살고 있는가, 어떤 기분으로 생활하지 않을 수 없는가를 한 사람의 일본인이라도 더 인식하고 지문날인과 외국인등록증 상시 휴대의 무를 없애는 것은 살기 좋은 공동의 장소를 만드는 커다란 의미를 갖는다고 생각한다.

14세 이후의 응어리 도쿄도(東京都) 오타구(大田区)·조영순(趙榮順)· 주부·28세

『계간 삼천리』제39호「재일 세대에게 지문날인은」이라는 르포는 흥미롭게 읽었다. 정력적이며 구체적인 취재였다는 것이 전해지고, 살아있는 문장에 이끌려가듯이 단숨에 읽었다. 지문날인에 대해서는 내 자신도 14세 때 봄에 경험했는데 그 이후 응어리져 있던 문제였다. 일본 땅에서 외국인이라는 것이 불안정하고 또한 재일을 환영받지 못한다는 것을 실감한 것은 주민센터에서 자신의 지문을 처음으로 날인했을 때였다고 생각한다. 그 이후 외국인등록증을 갱신할 때 마다 굴욕적인 지문 날인에 응해오고 있었지만, 본지를 읽고 분노와 실망감을 갖게 되는 것은 나뿐만이 아니라는 것을 다시 느끼게 되었다.

배외주의의 극복을 도쿄도(東京都) 이타바시구(板橋区)·다니구치 유타카(谷口豊)·회사원·32세

본지 제39호의「재일조선인과 외국인등록법」특집은 지문제도 반대의 목소리가 높아지고 또한 올해 외국인등록이 대량으로 이루어질 예정으로 시기적절한 기획이었다. 일본정부는 전후 일관하여 재일외국인에 대해 관리, 배외주의 정책을 취해 왔는데, 그 목적은 재일외국인 일반에 있는 것이 아니라 90%이상을 차지하는 재일조선인, 재일중국인으로 향하고 있다. 이것을 우리 일본인은 얼마나 의식하고 있는가 본지를 다 읽고 나서 다시 생각하게 되었다. 생각건대 중류의식의 안일함과 '일본은 세계 제일'적 배외주의 관리사회에 우리들은 너무 익숙해있는 것은 아닐까. 80년대에 들어서 지문날인 거부 목소리는 법무성 재입국불허나 중벌(重罰) 보복이라는 편협한 태도와는 반대로 자주 듣게 되었다. '탈아입구' 사고의 뿌리 깊은 것을 이제부터는 말 그대로 근절하지 않으면 안된다고 강하게 생각한다.

귀지(貴誌)에의 요망 고베시(神戸市)·나카무라 히데유키(中村英之)·공무원·23세

재일조선인을 주제로 다룬 정기간행물은 매우 드문데, 귀지의 편집태도에 감복했으며 그와 동시에 기대하는 바가 매우 크다. 일본과 조선반도를 연결하고 근대일본의 역사적 정책과의 관계 속에서 현재의 여러 가지 문제를 파고드는 근대동아시아에서의 내셔널리즘을 평이하게 해설해 주는 것, 혹은 연구사, 참고문헌 일람을 게재해 주었으면 하는 요망이 있다.

민투련 제14회 전국교류 집회 사이타마현(埼玉県) 가와고에시(川越市)·스즈키 게이스케(鈴木啓介)·고교 교원·43세

민투련(민족차별과 투쟁하는 연락협의회)는 14년전 히타치 제작소의 취직차별을 규탄하는 투쟁에서 생겨났다. 그 이후 아마가사키(尼崎), 히가시오사카(東大阪), 다카쓰키(高槻), 야쓰오(八尾), 가와사키(川崎) 등 각지에서 실천을 축적하면서 매해 1회 전국 교류집회를 열어왔다. ① 재일한국조선인의 생활실현을 근거로 민족차별과 투쟁을 실천하는 것 ② 각 지역의 실천을 교류하고 연대를 강화하는 것 ③ 재일한국조선인과 일본인이 함께 투쟁하는 것, 이 세 가지 원칙 이외는 아직 강령도 없는 느슨한 연락협의회이다. 10년째를 맞아 처음으로 도쿄에서 개최하는 전국교류 집회는 국적법 개정 등, 재일한국조선인을 둘러싼 상황이 크게 변해 가고 있는 상황에서 10년의 발자취를 총괄하고 새로운 발걸음을 전망하는 중요한 사명을 띠고 있다. 아이누 그리고 오키나와 사람들을 초대하고 동화/융화에 저항하는 공동 투쟁의 가능성을 탐구하는 분과회, 재일 2세의 아티스트에 의한 콘서트 기획 등, 지금까지 없었던 것들에 대한 시도도 실시할 예정이다. 많은 사람들의 참가를 호소한다.

시민강좌 조선사 요시다(吉田)

조선사연구회에서는 아래와 같은 요령으로 연속 4회의 '시민강
좌 조선사'를 개최한다. 매회 주제별로 최근 연구 성과를 담은 강연
을 시행할 예정이다. 참가 가능한 날 혹은 관심이 가는 테마를 골라
서 참가해 주면 좋겠다. 조선사를 배우고 그 의미를 생각해 보고
싶다고 생각한다.

편집을 마치고
編集を終えて

『계간 삼천리』를 창간한지 만 10년을 맞이했다. 그 사이에 우리들은 '창간사'에서 적었듯이 '통일된 조선'에 대한 절실한 바람과 조일(朝日) 양민족 사이의 복잡한 실타래를 풀어내고 상호이해를 심화해 가고 싶다는 바람으로 본지를 편집해 왔다.

10년 동안 본지에 대해 많은 중상과 비난도 있었지만, 우리들은 '다양함 속의 통일'을 목표로 '실사구시(實事求是)' 방침을 견지해 왔다. 독자들의 요망도 반영시키기 위해 최선의 노력을 해 왔다.

7번에 걸친 재일조선인에 대한 특집이나 '교과서 속의 조선'의 릴레이 형식의 연재, '우리들에게 있어서의 조선·일본' 등 거론하면 끝이 없다. 이진희 『이조(李朝) 통신사』(고단샤〈講談社〉)에서 공저로 『가교 – 나에게 있어서 조선』(바쿠슈샤〈麦秋社〉) 등의 단행본이 간행되었던 것은 필자와 독자 여러분의 지원의 선물이다. 창간 10주년에 즈음하여 여러분들에 깊은 감사를 드린다. 갑신정변이 일어난지 100년이 되었기 때문에 특집을 마련해 보았다. 좋은 글이 모여서 매우 기쁜데, 갑신정변을 통해 오늘날 두 민족이 함께 자성해야 할 점이 많다고 본다.

앞 호 특집인 「재일조선인과 외국인등록법」에 대해 커다란 반향이 있었다. 금후에도 이 문제를 다루어 갈 예정이다. 본 호에서는 페이지를 증량하고 창간호 이래의 목차를 권말에 게재했는데, 이후에도 긴장된 지면 만들기에 박차를 가하고자 한다. (편집위원 이진희)

페이지
264

필자
이진희
(李進熙, 1929~2012)

키워드
실사구시(實事求是),
교과서 속의 조선,
갑신정변, 외국인등록법

해제자
전성곤

68

1985년 봄(2월) 41호

가교

끊어진 다리

[架橋] 斷橋

나가노 히로오는 현대사 연구자이다. 필자는 이글에서 압록강을 방문하여 예전에 신의주에서 통학하면서 이용했던 철교가 한국전쟁으로 끊어진 것을 보고 민중의 이동도 단절되었음을 술회하고 있다.

압록강 하구에서 15킬로 떨어진 곳에 조선 쪽으로는 신의주, 만주 쪽으로는 안동(지금은 단동(丹東)으로 이름을 바꾸었다)이라는 두 마을이 있다. 나는 6살 때부터 13살까지 신의주에서 그리고 15살까지는 안동에서 살았다. 1학년 한 학급밖에 없는 신의주의 작은 중학교에 다녔는데 안동에서 자전거로 944미터의 철교를 왕복하였다.

솔직히 말해 나는 신의주와 안동을 그리워하는 마음이 그다지 많지 않다. 그러함에도 안동을 방문하는 단체에 참가한 것은 직접 내 눈으로 철교를 확인하고 싶어서이다. 압록강의 이름이 전 세계에 선전되었던 한 시기가 있었다. 불행한 한국전쟁이 일어났을 때이다. 철교는 B29에 폭격당했다고 들었는데 그 결과가 어떻게 되었는지 알 수 없었다. 그것이 마음에 걸렸다.

안동을 방문한 단체는 단순한 여행단이지만, 표면상 우호방중단으로 여러 행사에 참석하였다. 행사가 끝나면 자유여행을 할 수

페이지
14-17

필자
나가노 히로오
(長野 広生, 미상)

키워드
압록강, 신의주,
한국전쟁, 철교, 단교

해제자
김현아

70

있었다. 마을을 걷고 있으니 동년배로 보이는 키가 크고 인민 모자를 쓴 사람이 "어디에서 왔습니까"라고 능숙한 일본어로 말을 걸었다. 온화한 얼굴을 한 이 사람을 여기에서는 박상(さん)이라고 부르겠다. 박상은 "일본어로 말하는 것은 30년 만이라며 옛날 생각이 나네요"라고 말했다. 과거에 화북(華北)에서 일본군 통역을 했다고 한다.

박상 고향은 신의주 남쪽이라고 했다. 고향에 가본 적이 있냐고 물었더니 "없어요"라고 박상은 말했다. "무엇보다도 신청서를 제출하면 북경(北京)에서 허가가 날 때까지 6개월이 걸린다. 그리고⋯⋯" 잠시 멈추더니 "이제 부모도 죽었고⋯⋯, 여동생이 하나 있는데 편지에 화장지를 보내 달라고 한다"라며 중얼거리듯이 말했다.

다음 날 나는 박상과 오랜 친구 후루야마 고마오(古山高麗雄) 씨, 오사카(大阪)에서 온 이케다(池田)와 함께 압록강에서 유람선을 탔다. 5월의 압록강 물은 맑았다. 철교는 2개로 되어 있었는데 나는 새로 건설된 다리를 처음 보았다. 두 다리는 서로 겹쳐 보였다. 과거에 다리가 하나였을 때 보았던 정취는 사라지고 없었다. 옛 모습을 빼앗아 버렸던 가혹한 역사가 여기서 휘몰아쳤다는 사실을 보여주고 있는 것 같았다.

유람선은 상류에 있는 공원에서 출발하여 하류에 있는 철교 밑을 통과한다. 새로 건설된 다리는 그대로이다. 300m 하류에 있는 옛 다리는 신의주 방향으로부터 3, 4, 5, 6, 7번째의 교각이 모습을 감추었다. 단교(斷橋)―, 그런 단어가 문득 떠올랐다.

1950년 11월 8일에 신의주는 B29 70대가 투하한 총 580톤의 소이탄에 의해 60%가 모두 불타버렸다. 그리고 직후에 또 다른 B29 9대가 신의주 다리 옆에 450키로의 폭탄을 투하했는데 다리는 파괴되지 않았다. 다음 날 항공모함에서 출발한 해군 비행기가 옛 철교를 공격하여 다리를 파괴했지만 새로 건설된 다리를 파괴하는 것은 실패했다.

새로 건설된 다리의 복선 철도는 지금은 단선이 되었고, 그 옆에 판자를 깔아서 자동차가 통과할 수 있게 하였다. 단선 철도 쪽은 평양—북경의 국제열차가 주 2회 왕복하고 가끔 긴 화물열차가 통과한다. 판자를 깔아 놓은 차도를 걷고 있는 사람의 모습은 전혀 보이지 않는다. 파괴되지 않은 다리가 왠지 쓸쓸하게 느껴지는 것은 여러 가지 사정 때문임에는 틀림이 없다.

그로부터 2년 반이 지났다. 며칠 전 북한에서 남한으로 보내는 구호물자의 트럭이 출발하는 광경을 TV에서 보았다. 전송하는 사람 속에 격하게 울고 있는 젊은 여성이 눈에 띄었다. 그 사람은 남쪽에 가족이 있는 사람이라고 나는 그렇게 믿고 있다. 민중 차원의 다리는 언제쯤 자유로운 통행이 가능하게 될까.

가교
전후 일본문학 속의 조선-연재를 끝내고-
[架橋] 戰後日本文學のなかの朝鮮—連載を書き終えて—

이소가이 지로는 아이치현(愛知県) 출생이며 아이치대학(愛知大學) 법경학부 경제학과를 졸업했다. 문예평론가로 1977년부터 나고야(名古屋)에서 '재일조선인작가를 읽는 모임'을 주재하고 모임의 문예지 『가교(架橋)』를 발행하였다. 대학 강사, 경비원을 하며 외국인등록법 반대 운동, 재일한국인에 대한 참정권 부여 운동 등 주로 조선 한국에 관련된 다양한 활동에 참여하고 있다. 주요 저서에는 『전후 일본문학 속의 조선 한국(戰後日本文學のなかの朝鮮韓国)』, 『〈재일〉문학론(〈在日〉文学論)』, 『꿈의 행방(夢のゆくえ)』 등이 있다. 이글은 필자가 『계간 삼천리』에 12회에 걸쳐 '전후 일본문학 속의 조선'을 연재하면서 느낀 점을 기록한 것이다.

『계간 삼천리』에 연재를 하면서 80권 정도의 책을 읽었다. 작품 수로 보면 소설을 중심으로 백 편을 훌쩍 넘는다. 역사를 소재로 한 작품이 압도적으로 많다는 것을 알았다. 「겐코노에키(元寇の役)」를 다룬 이노우에 야스시(井上靖)의 『가제나미(風濤)』, 도요토미 히데요시의 조선 침략(분로쿠·게이쵸노에키(文禄·慶長の役) = 임진·정유재란), 메이지유신(明治維新)에서 '한일병합'에 이르는 식민지침략 전사(前史), 일제 36년의 통치기 그리고 일본의 패전=조선 해방 후의 현대사 등으로 구분할 수 있는데 사실(史實)에 근거한 작품이 많다.

페이지
17-21

필자
이소가이 지로
(磯貝 治良, 1937~)

키워드
전후, 일본문학,
일본 사회와 조선,
일본인과 조선인,
문학작품 속의 조선관

해제자
김현아

역사를 다룬 작품 대부분은 식민지지배 시대의 종주국의식, 내셔널리즘, 민족적 편견의 잔재가 보였다. 단어 하나를 보더라도 '선인(鮮人)' '선어(鮮語)' '선인부락(鮮人部落)' '반도인(半島人)' '3·1 폭동' 등이 자주 등장한다. 작자의 인식과 의식의 그 자체가 단어를 통해서 표현되고 있는 점은 간과할 수 없는 부분이다. 또한 일본이 조선을 '병합'한 요인을 탈아입구(脫亞入口)=아시아침략이라는 역사적 맥락과는 분리해서 조선 민족의 배일적(排日的) 동향에 있었다는 관점에서 쓴 작품이 있다. 한층 조선을 식민지화한 그 자체를 용인하고 황민화 정책을 예찬하는 작품들인 것이다. 전후 수십 년이 지나도 여전히 불식되지 않은 이들의 "사상"을 문학 작품 속에서 새삼 알게 되었다.

　그러나 잔재를 불식하고 두 민족 사이에 가교역할을 하려는 시도도 있다. 고바야시 마사루(小林勝)와 이노우에 미쓰하루(井上光晴) 등의 문학작품이 있고, 야마시로 도모에(山代巴)『도라지 노래(トラジの歌)』, 세도우치 하루미(瀬戸内晴美)『여백의 봄(余白の春)』, 쓰노다 사부로(角田三郎)『황야의 무지개(荒野の虹)』 등이 있다. 모두 일제 강점기를 배경으로 하는 작품이지만, 단순한 소재로서가 아니라 일본의 침략=조선 민족의 저항이라는 역사의 실상을 확인하고 일본인과 조선인의 관계를 묻고 있다.

　그리고 현재의 일본 사회와 조선, 일본인과 조선인을 소재로 한 작품이 많이 없다는 사실이다. 저자가 사는 현재와 조선·조선인과의 관계를 동시대의 주제로 하여 추구한 작품이 적다는 사실은 현대문학의 실정을 말해주는 듯하여 우리들의 과제를 새삼스레 통감하게 되었다.

　문학 영역에서 조선과 일본 사이의 가교를 하는 일은 한정되어 있지만, 자이니치(在日)를 살아가는 사람들의 현재와 우리들의 현재와의 관계를 주제로 하는 작품을 많이 쓰는 일에서 시작되는 것이다. 그 계기가 되었던 것은 고바야시 마사루라 할 수 있다. 그는 소년 시절 식민자 2세로 살아온 체험을 전후와 연결하여 조선을 마주하고, 일본인의 해방에 있어 불가결한 조선과의 관계를 현재형으로 추구하였다.

우리가 1970년대를 토대로 하여 1980년대의 조선과 일본의 관계를 쓰지 않으면 안 된다. 지금 재일조선인이 안고 살아가는 내면의 정황과 구체적 생활환경, 일본인 (사회)와의 관계를 소재로 한 문학작품도 생겨나야 한다. 외국인등록법과 취직차별, 교육문제 등 사회적 배경을 주제로 한 작품, 그리고 1980년대의 '동화 상황적인 위기'와 그에 대응하는 일본인 (사회)의 상황 등을 소재로 한 작품이 등장해도 좋을 것이다.

우리가 계속 연재하면서 모티브로 삼은 것은 일본인의 전후의식 속에서 불식해야 하는 것은 무엇인가, 계승해서 육성해 나가야 할 것은 무엇인가를 문학작품 속에 묘사된 조선을 통해서 검증하는 것이었다. 검증을 통해서 '우리 전후'에 채워져 있었던 족쇄로부터 해방되는 실마리를 찾고자 하였다.

그렇지 않으면 일본과 조선, 일본인과 조선인의 정확한 관계는 만들 수 없다고 완고하게 생각한다. 또한 문학작품에 나타난 조선관에 대해 '비평의 기준'이 편향되어 있어서 문학작품 그 자체를 이야기하는 논의 즉, 내재 비평적인 문학론으로 성립하기 어려웠던 측면도 적지 않다.

가교

역사의 공백을 메우다

[架橋] 歴史の空白を埋める

에토 요시아키는 1949년에 출생하였으며 와세다대학(早稲田大学) 교육학부에서 지리역사를 전공했다. 사이타마시립오미야키타(さいたま市立大宮北) 고등학교 사회과 교사를 지냈다. 저서에는 『무슨 일이 있었는가!? 필리핀·일본점령하(何があったのか!? フィリピン·日本占領下)』가 있다. 이 글에서 필자는 1945년에 건설된 사이타마현(埼玉県)에 있는 요시미하쿠아나(吉見百穴)의 지하 동굴에 있는 군수공장을 고등학생들과 조사하면서 알게 된 역사적 사실을 말하고 있다.

사이타마현(埼玉県) 요시미마치(吉見町)에 있는 국가지정 유적인 요시미하쿠아나(吉見百穴)의 지하에 만들어진 군수공장을 조사한 지 3년이 되었다. 그 지하 동굴에 있는 군수공장은 조선인 노동자가 동원되어 단기간에 만들어진 것이다. 그러나 규모가 어느 정도이며 그곳에서 무엇이 어떠한 계획하에 만들어졌는지는 잘 알려지지 않았다. 당시 그곳에서 일한 사람 대부분은 귀국하고 몇 사람만이 생존하고 있지만, 전체적인 상황에 관해서는 분명하지 않다.

요시미하쿠아나(吉見百穴)의 지하 군수공장과 관련된 당시 신

페이지
21-25

필자
에토 요시아키
(江藤善章, 1949~)

키워드
역사의 공백,
요시미하쿠아나
(吉見百穴),
나카지마(中島)
비행기공장,
군수공장,
조선인 노동자

해제자
김현아

문 보도를 보면 1945년 7월 22일에 스즈키(鈴木) 수상이 직접 격려 차 방문하였고, 1945년 2월 11일에 기공, 총공사비는 4천만엔, 총연장(總延長) 1만 m, 노무자 50만 명이 참여한 대규모 공사였다. 공사내용은 현지에서도 극비여서 무엇이 만들어지는지 전혀 몰랐고 8월 15일 이후에 알게 되었다. 지하공장 내에 설치된 기계류는 오미야(大宮)에 있는 나카지마(中島)비행기공장에서 반송되었다.

요시미하쿠아나공장에 관한 자료는 패전 직후 소각되어서 단서를 찾지 못하고 있었는데 히루타(蛭田) 씨를 만나 군수공장에 대한 사실을 듣게 되었다. 히루타 씨는 정리과장으로 패전 직후에 요시미하쿠아나 지하공장에 관한 일체의 문서를 소각 처분하라는 명령을 받고 실행한 당사자였다. 마치 어제 일어난 사건을 말하는 것처럼 정확하게 기억하고 있어서 놀랐다. 요시미지하공장의 전모가 이렇게 드러나게 되었다.

개요를 말하면, 1942년 6월의 미드웨이해전에서 일본 해군은 치명적인 패배를 하고, 항공기의 중요성을 한층 중대시하게 되었다. 그리고 같은 해 7월에 오미야 나카지마 비행기공장 건설에 착수하였다. 다음 해 1943년 3월에 과달카날섬에서 패퇴한 이후 미군의 본토공격이 현실이 되었다. 1944년 7월에 사이판이 함락되고, 11월에 도쿄(東京)공습을 시작으로 미군의 공격 중심에는 항공기공장이 있었다. 그래서 공장을 지하에 만드는 일이 급선무가 되었다. 이러한 전황 속에서 오미야 나카지마 비행기공장을 요시미하쿠아나로 이전하게 된 것은 공장 간부와 해군성 건설기관의 사토(佐藤) 대좌의 논의로 결정되었다. 하쿠아나의 지질이 응회암 성분의 사암석으로 굴착이 쉬우면서 안전하고, 발판도 콘크리트를 사용하지 않아도 되는 등의 조건에 의해서 결정되었다.

지하공장의 정식명칭은 제2군수공장 855공장이며, 예정된 소장은 나가세 추야(永瀬中也)였다. 조직은 시설부·생산부·건축부 세 부서로 나누어지고 생산부 아래에 기계·조립·열처리과가 있었다.

당시 30만 평의 오미야공장에서는 엔진형 항공발동기가 월평균 300만대 생산되었는데, 그 항공발동기를 가능한 한 지하공장으로 가져오려고 하였다. 계획에 의하면 면적 1만 평, 높이 2~4m, 넓이 4m 터널을 8천 4백 m 만들고, 원재료에서 완성까지 일관 공사를 예정하고 있었다. 공사비는 시가 4천만 엔이고 1944년 가을부터 준비하여 1945년 2월 11일까지 기공하기로 되어 있었다.

공사는 해군에서 조선인징용을 청부하고 있는 후소카이(扶桑会)에서 3천 명의 조선인을 동원하고, 일본인 4개 조에 의해 실시되었다. 해군 일개 분대가 상주했다. 작업은 군대 편제의 5중대가 주야 4시간 혹은 3교대제로 단기간에 하는 공사였다. 위험한 굴착작업은 모두 조선인이 하고 현지인에게는 안전한 일을 시켰다. 일본인들의 합숙소 생활은 꽤 허술하였는데, 동원되었던 조선인 당사자에 의하면 다른 현장에 비해 그곳은 그런대로 괜찮았다고 한다. 이 점에서 조선인의 노동현장이 얼마나 가혹했는지를 알 수 있다. 조선인 노무자에게 지급되는 금액은 임시군사비로 정부가 지급하는 것이어서 조선인에게 지급되기까지는 여러 부정이 일어날 여지가 있었다.

공장건설 현장에서 일했던 조선인은 8월 15일 이후 어떻게 되었을까. 당시의 신문 등을 조사해 보니 히가시마쓰야마시(東松山市) 시내 인구가 1만 명이었는데, 그 가운데 약 5천 명은 육군시설 건설현장에서 작업했던 조선인이었다. 귀국은 쉽지 않았으며, 마음대로 행동할 수도 없고 직업도 없어 지하공장 안의 버팀목을 양도받아서 '암거래' 일을 하며 겨우 생활을 유지하고 있었다.

요시미하쿠아나 지하공장이 오미야의 나카지마 비행기공장이었기 때문에 오미야시청에 가서 전전(戰前) 사료를 샅샅이 찾았다. 그러나 나카지마 비행기공장에 관한 사료는 전혀 없었다. 군사기밀이어서 모두 처분된 것인지. 사료실 책장에 가득 진열된 파일에 나카지마 비행기제작소라고 적힌 파일이 있었는데 그 파일에는 그다지 의미 없는 종잇조각만 있었다. 진열된 다른 항목의 파일을 보니 사료가치가 높은 것들이었다. 이러한 공백이야말로 문제로 생각하지 않으면 안 된다. 모든 신문기사를 세심히 살펴보았다. 공장이 건설되기까지 시내의 움직임을 알기 위해 예정지 주변의 초등학교 일지(日誌)를 읽었다. 이러한 작업을 진행하는 가운데 지워졌던 모습들이 어렴풋이 보이기 시작했다.

요시미하쿠아나 지하공장 조사를 통해서 우리는 귀중한 것을 얻을 수 있었다. 공장에는 조선인뿐만 아니라 요론토(与論島) 출신자가 있었다는 사실이다. 그리고 요시미하쿠아나는 간토(関東)에서도 큰 유적이라서 초·중학교의 소풍 견학지로 많은 학생이 방문한다. 그 학생 대부분이 거대한 지하공장 일부를 돌아보는데 지하공장을 하쿠아나의 일부라고 생각한다는 것이다. 공원 안내판에는 지하공장 문구는 한 줄뿐이다. 그 공장에 총 50만 명의 조선인 노동자가 동원된 사실에 대한 기록은 전혀 없다.

며칠 전 우리는 하쿠아나공원을 방문했다. 대형 버스가 주차장에 즐비하고 단풍으로 아름답게 물든 나무 사이를 사람들은 즐겁게 지나가고 있지만, 그 밑에 있는 지하공장 출입구는 컴컴하게 열려있었다. 그것은 역사 속에 갇힌 채로 아무도 모르게 매장해버리려는 것을 한탄하는 입구처럼 느껴졌다.

이 어둠의 입구는 오미야시청 사료실의 나카지마 비행기공장의 파일 공백과 일본의 역사가 지하로 연결되듯이 그것은 형태만 달리할 뿐 일본 어디에서도 존재하는 것은 아닐까. 아니 우리 마음에 공백으로 존재하고 있다. 지금 우리가 해야 할 일은 이와 같은 역사의 공백을 스스로 채우는 것이다. 공백으로 두는 것은 전쟁 책임을 애매하게 하고, 가해자의 책임을 포기하게 하는 것은 아닐지. 이 공백과 이 어둠 속이야말로 사실은 풍요로운 인간과 인간이 이어질 수 있는 광맥이 있다고 생각한다.

정담
아시아에 대한 전후책임

[鼎談] アジアに対する戦後責任

페이지
80-90

필자
아키모토 히데오
(秋本英男, 미상),
오누마 야스아키
(大沼保昭, 1946~2018),
쓰루미 순스케
(鶴見俊輔, 1922~2015)

키워드
전후책임, 전시보상,
사할린잔류 조선인,
귀환, 책임의식

해제자
김현아

아키모토 히데오는 변호사이다. 오누마 야스아키는 야마가타현(山形県) 출신이며 일본의 법학자이다. 도쿄대학(東京大学) 법학부 정치코스를 졸업, 도쿄대학 법학부 교수와 도쿄대학 대학원 법학정치학연구과 교수를 역임했다. 도쿄대학 법학부 재학중에는 전공투운동(全共闘運動)과 베트남반전운동의 영향을 받아 재일한국·조선인의 지문날인철폐와 사할린잔류 조선인의 귀환운동 등에 참가했다. 전후책임문제의 추궁과 관련하여 알려졌지만, 일본국헌법 제9조에 관해서는 개정을 용인하고 있어 종래의 좌파세력과는 입장을 달리하고 있다. 주요 저서에는 『재일한국·조선인의 국적과 인권(在日韓国·朝鮮人の国籍と人権)』, 『사할린기민－전후책임의 점경(サハリン棄民―戦後責任の点景)』, 『단일민족사회의 신화를 넘어서－재일한국·조선인과 출입국관리체제(単一民族社会の神話を超えて―在日韓国·朝鮮人と出入国管理体制)』 등이 있다.

쓰루미 순스케는 도쿄에서 태어났으며 일본의 철학자, 평론가, 정치운동가, 대중문화연구가이다. 전후 일본의 진보적 문화인을 대표하는 한 사람이다. 1960년 안보투쟁 때에는 미일안전보장조약 개정에 반대하였고, 2004년에는 일본공산당을 지지하는 자세를 명확히 하고 9조회(九条の会)의 발기인이 되었다. 주요 저서에는 『전시기 일본의 정신사(戦時期日本の精神史, 1931~1945)』, 『전후일본의 대중문화사(戰後日本の大衆文化史, 1945~1980)』, 『만화의 전후사상(漫畵の戰後思想)』 등 다수의 저작이 있다.

이 정담에서는 과거 일본은 1895년에 대만을 영유(領有)하고 1910년에는 조선병합, 그리고 1930년대부터 15년의 전쟁 동안 널리 아시아를 침략하였다. 이 역사는 1945년 8월 15일로 종지부를 찍었지만 '8·15'로 40년이 된다. 전후 40년 동안 아시아에 대한 책임이 어떠한 형태로 이루어졌는지, 혹은 이루어지지 않았는지를 일본군 병사였던 대만인에 대한 보상문제와 사할린잔류 조선인의 귀환문제에 초점을 맞추고 전후책임을 논하고 있다.

오누마 야스아키: 일본이 패전할 당시 일본국민은 일본 본토 이외의 지역에 많이 나가 있었다. 침략자의 일원으로 갔던 경우도 있고 거류민으로 생활하고 있었던 경우도 있다. 사할린은 당시 일본의 영토로 그곳에는 일본인도 있었고 조선에서 연행되어 온 사람도 있었다. 그러한 사람들에 대해 일본 정부는 패전과 함께 전력을 다해 귀환사업을 한 결과 대부분은 일본으로 돌아왔다. 그때 동남아시아에서는 조선인도 함께 귀환이 되었는데, 일본 정부는 사할린에서의 귀환은 혈통적인 의미에서 일본인만을 귀환 대상으로 하였다. 일본 정부는 당시 강화조약이 체결되기까지는 조선인도 일본 국적을 소유한다고 말했음에도 불구하고 일본인만을 귀환시켰다. 그 후 사할린은 소련 영토가 되어 현재 사할린에 있는 조선인의 대부분은 소련 국적을 보유하고 있는데 그중에는 조선민주주의인민공화국(북한) 국적을 보유한 사람, 어느 국적도 취득하고 싶지 않아서 무국적의 사람도 있다. 그들은 이미 60대, 70대, 80대로 한 번이라도 좋으니 고향에 가보고 싶고, 육친을 한 번 만나보고 싶다고 간절히 바래왔다. 그러나 아직 실현되지 않았다. 어떻게든 실현하기 위해 일본 정부, 소련 정부에 요청하여 그들을 고향으로 보내든지 그렇지 않으면 한국에 있는 육친과 만나게 하는 길을 모

색해야 한다는 운동을 펼쳐왔다.

아키모토 히데오: 패전 전 일본 병사였던 대만인의 보상문제와 관련한 당면 과제는 당시 '일본인'으로 전쟁에 동원되었기 때문에 전사(戰死)·전상(戰傷)한 대만인에게 일본 정부는 보상해야 한다. 일본인에게는 유족연금과 장애 수당을 지급하고 있으므로 당연한 일이다. 이 문제로 현재 재판이 진행되고 있고, 일본 정부가 보상을 실현하도록 사법, 입법, 행정에 걸쳐 보상 운동을 계속하고 있다.

이 문제가 구체적으로 드러난 것은 최근 10년의 일이며 이전까지는 거의 알려지지 않았다. 그 계기는 1974년에 옛 일본 병사로 일본 이름 '나카무라 테루오(中村輝男)'상이 모로타이섬의 정글 속에서 발견되어 구출되는 일이 있었다. 그런데 일본 정부가 대만인 전 일본 병사에게 지급한 것은 얼마 되지 않은 미지불 급여와 귀환 수당이었다.

쓰루미 순스케: 전쟁이 끝난 지 40년 가까이 되지만 지금의 이 두 문제는 숨어있는 문제이다. 보이지 않게 하는 구조가 있어서 보이지 않는 것이다. 보이지 않게 하는 장치를 전후 일본 정부가 계속 유지하고 있어서 특히 전후문제인 것이다.

오누마 야스아키: 이러한 문제가 발생하면 일본 정부는 괘씸한, 전혀 양심도 없다고 말을 하는데 과연 일본 정부만의 문제일까. 일본 사회 전체가 보지 못하기 때문에 정부는 안이하게 있을 수 있는 것이다.

쓰루미 순스케: 일본 사회에 보이지 않게 하는 장막을 제거하는 힘이 없기 때문이다. 그것은 우리 안에 있는 전후 40년 만이 아닌 오랜 기간에 걸친 습관이다. 예를 들면 상대가 일본인이었다면 아무리 멀리 있는 사람일지라도 자연스레 몸이 반응하여 불쌍하니까 어떻게든 해야 한다고 하지만, 지금은 대만인도 조선인도 '외국인(外國人)'이므로 일본인이 책임을 지지 않아도 된다고 생각한다. 게다가 일본에서 보통 '외인(外人)'으로 연상되어 존중받는 것은

미국인이다. 그래서 그 양쪽에 방치되고 있는 영역에 이문제가 들어 있는 것이다.

오누마 야스아키: 일본인의 관념에서는 '외인'과 '외국인'이 미묘하게 겹치거나 분리되기도 해서 조선인과 대만인에 대해서는 일본에 불리한 점은 누락시키고, 그들에게 불리한 점만을 일관되게 밀어붙인다. 예를 들면 조선인이든 대만인이든 전범으로 처형되었으므로 불이익처분이라는 점에서는 완전히 동일하게 취급되지만, 전시보상, 귀환문제에서는 외국인이라는 이유로 무시하고 있다. 전시보상의 경우도 마찬가지로 국적 요건이 장애가 되는 것이다.

아키모토 히데오: 현재의 전시보상 법률로서는 전상병자 전몰자 유족등 원호법(戰傷兵者戰歿者遺族等援護法)과 은급법(恩給法)이 있는데 모두 일본 국적을 보유하는 것을 전제로 하고 있다.

쓰루미 순스케: 불리한 것은 그대로 남아서 이익의 면에서는 바로 얼마 전까지 건강보험도 받을 수 없었다. 그리고 원폭(原爆)을 당해도 아무런 보상도 받을수 없다. 이러한 '습관'은 국회에서의 논의 이상으로 중요한 문제이다. 그점을 자각해야 한다고 생각한다. 무엇이 우리에게 보이지 않게 하는가, 못보게 하는 힘을 정부가 행사하고 게다가 그것을 우리가 무의식적으로 지탱하는 형태로 교활한 힘이 작용하고 있기 때문이다. 무의식의 속임수인 것이다.

오누마 야스아키: 한국인과 재일조선인이 늘 하는 말이 있다. 중국의 잔류고아에 대해서는 일본 사회에서 강한 동정의 목소리가 나오고 있는데 왜 사할린에 남겨진 조선인에 대해서는 무관심하냐는 것이다. 중국 잔류고아는 일본 사회의 일본인과는 다른 사람들인데 매스컴은 '일본인의 피가 흐르고 있다'라며 눈물샘을 자극하는 글을 쓰고 있다.

아키모토 히데오: 대만인의 보상문제에서도 어떤 정치적인 입장에서 국제적인 관계를 전제로 해버리면 그 사이에서 아무리 빠져나오고 싶어도 나올 방법이 없어져 버린다. 아시다시피 현재의 중

일 관계를 보면 일본은 중국본토와는 국교를 체결하고 있지만, 대만과는 국교를 체결하지 않았다. 즉 대만은 존재하지 않는 국가가 된 것이다. 존재하지 않기 때문에 상대할 방법이 없다는 것이 일본 정부·외부성의 입장이라 어찌할 수도 없다. 한편 대만측에서 보면 대만을 현재 통치하고 있는 것은 장개석(蔣介石) 정권으로 대만인 옛 일본 병사에게는 과거에 총을 겨누었던 적(敵) 정권이라는 모순이 있다. 장개석 정권에게 자신들의 일을 일본 정부와 교섭해달라고 요청하는 것은 쉬운 일이 아니다. 또한 대만 정부로서도 쉽게 할 수 있는 일이 아니다. 그러나 1982년에 제1심판결이 나오고 일본에서 기운이 고조되었던 것에 호응하여 어느 정도 해소됨에 따라 현재는 대만 정부도 어떻게든 해결을 하려고 노력하고 있다.

오누마 야스아키: 이 보상운동에는 소위 우익이라 할 수 있는 전직 일본 육군장군과 장교에서부터 신좌익계(新左翼系)의 변호사와 '인권파' 학자까지 상당히 광범위한 일본인들로 저변을 형성하고 있다.

아키모토 히데오: 보상운동에서 가장 열심히 노력하고 있는 사람은 과거에 상관으로서 대만인 병사를 많이 죽게 했다는 생각에서 어떻게 해서든지 보상을 하고 싶다는 사람들이다.

1941년 출생인 나처럼 나이가 많은 소위 전후세대의 변호단이 이런 일도 해결해 두지 않으면 우리가 앞으로 외국에 나가서 무슨 일을 한다고 해도 보기가 좋지 않고, 어린이 세대에 부끄럽다는 오픈된 발상이 강하다. 자신의 책임을 다해야 한다는 깊이 생각한 느낌이 아니라 당연한 일을 긍정적으로 해결하려는 감각이 있다.

오누마 야스아키: 그 점에 관해서는 내 자신도 '아시아에 대한 전후책임'에 대해 말하고 글도 쓰면서 이런 말을 하는 것은 이상하지만, 2년 전에 여러 사람과 이야기하여 '아시아에 대한 전후책임을 생각하는 모임'을 만들면서도 아무리해도 전후책임의 '책임'이라는 단어 자체가 그다지 나로서는 맘에 들지 않았다. 우리 같은

평범한 사람에게는 너무 무거운 말이다. 모임의 명칭을 만들 때 동료들과 많은 논의를 한 후 다른 좋은 말이 없어서 결국 사용하게 되었다.

쓰루미 슌스케: '책임'이라는 말은 전후 40년 속에서 상당히 때가 묻었다. '민주주의'라는 말도 때가 묻었다. 그래도 이것은 역시 전후를 살았던 우리의 책임이다. 이에 대해 전후 사람으로서 생각해 보면 전쟁범죄 추궁, 전범지정에 자신이 들어 있지 않아서 다른 사람을 추궁할 뿐이었다. 즉 자기를 포함하지 않는 집합체였다. 그러한 역사를 통해서 '책임'이라는 말은 타자를 추궁하는 행위 속에서 사용되었으며 10여 년 전의 학원투쟁에서도 같은 상황이 되었다. 이것은 메이지(明治) 이후의 사상사 역설의 하나이다. 자신은 그다지 추궁받을 두려움이 없어서 타인을 추궁할 수 있는 환경에 있는 것처럼 생각해 버린다. 그렇지 않고 자타를 포함한 책임이 먼저 존재하고 그 위에 그것에 대해서 한정적으로 당신에게 책임이 있다고 말해야 한다.

학원투쟁의 문맥에서 사용된 책임추궁의 의식, 혹은 패전 직후 점령군의 위세를 빌려서 이루어진 전범 추궁, 그것과 같은 방법으로 지금 아시아에 대한 일본인의 책임을 추궁하면 안 된다. 여기서 일단 재검토하여 우리가 책임추궁에서 벗어나기 어려운 환경에 있다는 사실을 주시해야 한다. 그렇지 않으면 가능한 한 이 문제를 생각하지 않고 철저하게 벗어나려고만 하는 것이 되어버린다.

오누마 야스아키: 전전 우리 아버지 세대가 한 일에 대해서 같은 일본인이니까 책임을 지라고 하면 아직 자신들이 태어나지도 않았으니 책임을 질 수가 없다고 핑계를 대고 싶어진다. 그것은 보통의 인간이라면 솔직한 심정이라고 생각한다. 그러나 이 정도의 문제는 제대로 해결해 두지 않으면 한국 사람과 말을 하다가 그 문제가 나오게 되면 우리는 왠지 회피하게 된다. 서로 일대일의 관계에서 보면 똑같은 인간일 뿐인데 그렇게 되어버린 것은 그다지 기분 좋

은 일은 아니다. 그러한 사실을 확실히 해두고 싶다는 감각은 '책임'이라기보다는 조금 더 널리 보편적인 일이 될 수 있기 때문이다.

사할린잔류 조선인에게 귀환의 길을
サハリン残留朝鮮人に帰還の道を

이노우에 아키히코는 아시아에 대한 전쟁책임을 생각하는 모임 사무국 소속이다. 필자는 사할린에 남아 있는 조선인에 대한 자료는 많지 않고, 소련·일본·한국·북한·미국과의 광범위하고 복잡하게 얽힌 사안으로 사할린잔류 조선인 귀환문제의 해결을 곤란하게 하고 있다고 지적한다.

1975년 12월 1일에 사할린잔류자의 귀환을 요구하는 소송이 제기되었다. 소위 '사할린재판'이다. 제2차 세계대전 중에 일본 정부에 의해 노무동원이라는 이름 아래 강제적으로 사할린에 연행되었던 조선인이 많이 있었다. 그들 대부분은 당시 남조선(현재의 한국)에서 연행되었던 사람들로 전후 40년이 지난 지금도 여전히 귀환의 기회가 주어지지 않아 사할린에 살고 있다.

그러나 재판을 제소한 지 올해로 10년을 맞이하지만 그들의 희망은 이루어지지 않았다. 현재 사할린에는 소련 국적, 조선 국적, 무국적의 사람을 포함하여 4만 명 이상의 잔류조선인이 있으며 적극적으로 귀환의 의사를 표명하고 있는 자만으로도 수천 명에 달한다.

사할린에 연행된 사람들

1905년 9월에 포츠머스조약으로 일본은 러시아로부터 '남사할린'을 취득했다. 11월에는 한일협약을 체결하고, 다양한 권리를 취

페이지
91-97

필자
이노우에
아키히코(井上昭彦,?)

키워드
사할린잔류 조선인,
귀환문제, 노무동원,
강제연행,

해제자
김현아

87

득하면서 '보호'라는 명분 아래 식민지화를 추진하였다. 1910년 8월 22일에 한국병합으로 마침내 조선의 식민지지배를 법적으로 완료했다. 식민지통치기관으로서 설치되었던 총독부는 '토지조사사업'과 '산미증산계획(産米增産計畵)' 등을 추진하였다. 그 결과 일본인에게 토지집중이 추진되어 다수의 조선인이 토지를 잃었다. 그래서 생활의 터전을 찾아 일본과 옛 만주로 도항(渡航)의 길을 선택하지 않을 수 없었다.

1937년에 중일전쟁이 발발하고, 1941년에 태평양전쟁이 발발했다. 전선(戰線)은 확대되고 전쟁이 장기화하는 가운데 노동력의 확보·증대가 급선무가 되었다. 1938년 5월에 '국가총동원법'이 시행되고, 조선인의 일본으로의 노무동원이 본격적으로 개시되었다. 1939년 9월부터 1945년 8월까지 장기간에 걸쳐 '자유모집' '관알선' '징용'이라는 형식으로 강제연행 되었다.

실제로는 '자유모집'과 '관알선'에는 정부기관 또는 정부기관과 표리일체를 이루는 기관('관알선'하는 조선노무협회 등)에 의한 강제적인 연행이었다. 그 결과 공식자료에 의해서도 1939년부터 1945년 사이에 연행된 조선인은 합계 72만 4787명(제85회 제국의회설명자료, 大蔵省(대장성)관리국『日本人の海外活動に関する歷史的調査(일본인의 해외활동에 관한 역사적 조사)』), 또는 151만 9142명(제86회 제국의회설명자료, 『高等外事月報(고등외사월보)』 및 조선경제통계요람, 『日帝の経済侵奪史(일제의 경제침탈사)』) 등이 있다.

사할린에 남겨진 사람들

1945년 8월 15일에 일본은 포츠담선언을 수락했다. 일본의 조선 식민지지배는 붕괴하고, 조선인은 서둘러 고향으로 돌아갔다. 일본 각지에서 조국을 향하는 행렬이 계속되었다. 패전 시 200만 명을 넘은 재일조선인은 1년 후에는 약 50만 명까지 감소했다.

한편 사할린에서는 일본의 패전으로 해방된 조선인의 손에 의해 자치조직인 조선인거류민회(朝鮮人居留民會)가 각지에 만들어졌다. 사할린 당국의 명령으로 거류민회가 1946년 봄부터 가을에 걸쳐 실시한 인구조사에 의하면 조선인은 약 4만 3천 명이었다. 압도적 다수의 조선인은 사할린에 강제연행되어 온 한국 출신자이며, 그 대부분이 한국으로의 귀환을 희망하고 있었다.

1945년 8월 9일의 소련 참전을 계기로 그때까지 약 38만 명이었던 일본인은 사할린청 장관의 명령에 따라 노인과 어린이, 부녀자 등 7만 6천 명이 홋카이도(北海道)로 소개(疏開)했다. 소개는 소련군이 금지하는 8월 23일까지 계속되었다. 그리고 소련군의 엄중한 감시의 눈을 피해 밀항 탈출하는 자도 잇따라 1946년 3월까지 약 2만 4천 명이 홋카이도로 귀환하였다. 이 가운데 일본인과 결혼한 조선인 부인이 소수 있었던 것은 확실한데 실제 숫자는 명확하지 않다.

점령군의 일본 진주(進駐)와 함께 귀환원호사업도 점령정책의 일환으로서 GHQ 관리하에 실시되었다. 사할린으로부터의 귀환원호사업은 1946년 12월부터 1949년 7월까지 실시되었으며 '전기집단귀환'이라 부른다.

패전 당시 사할린·쿠릴열도·만주·북한에서는 1945년 8월 말까지 무장해제되고 소련군의 명령으로 순차적으로 각지로 집결·수용되어 완전하게 소련군의 관리하에 두어졌다. 수용된 군인 및 일반 일본인은 대부분이 소련 영내에 연행되어 강제노동에 종사하게 되었다.

소련지역으로부터의 귀환은 소련 측이 비협조적이었기 때문에 진전이 없었다. 그래서 일본 정부가 일본인의 귀환 보호를 강하게 요청한 결과 1946년 5월 28일에 GHQ 대표와 소연방대일이사회 대표가 회담을 개시하고, 같은 해 11월 27일에 '소련지역귀환 잠정협정'을 거쳐 12월 19일에 '소련지구귀환 미소협정'이 체결되었다.

이 시기에 사할린의 마오카(真岡)에서 하코다테(函館)로 11회의 귀환이 실시되었다. 1946년 12월부터 1949년 7월까지에 29만 2590명이 귀환되었다. 그러나 '협정'으로 귀환대상자는 일본인 포로 및 일반 일본인으로 한정되어 있어서 조선인에게 귀환의 기회는 주어지지 않았다. 그래서 1949년 시점에서 조선인과 결혼한 일본 부인, 일본인 전범 수형자들이 수천 명 잔류하고 있었다.

1950년 4월 22일 소련 정부는 다음과 같은 성명을 발표했다. '전범·병자를 제외한 일본인 포로의 송환은 모두 완료되었다'(타스통신). 이것은 일본의 유수(留守) 가족과 관계자들에게 큰 충격을 주었다. 그 결과 중국을 포함한 소련군 관리지역으로부터의 귀환은 일본 주권회복까지 미루어지게 되었다.

1952년 4월 28일에 대일강화조약이 발효되고, 일본은 주권을 회복했다. 귀환원호사업도 일본 정부에 맡겨지게 되었다. 그러나 '전기집단귀환' 종료 후에 미귀환자가 잔류한 곳은 주로 소련·중국 등 공산권이며, 당시 일본과의 국교회복이 실현되지 않았기 때문에 외교 루트로 처리할 수 없었고 국제정세 악화로 인해 곤란한 상황에 빠졌다.

1956년 10월 19일 하토야마(鳩山) 수상의 소련 방문으로 일소공동선언이 발표되고 소련과의 국교정상화가 실현되었다. 소련 지구의 미귀환자의 귀환에 대해서도 '소비에트 사회주의 공화국 연방에서 유죄의 판결을 받은 모든 일본인은 이 공동선언의 효력 발생과 함께 석방되어 일본국으로 송환되는 것으로 한다. 또한 소비에트 사회주의 공화국 연방은 일본국의 요청에 따라 소식 불명의 일본인에 대해서는 계속 조사를 하는 것으로 한다'(일소공동선언 제5항)고 명기되어 같은 해 12월 16일에는 소련 내륙의 미귀환자의 귀환이 완료되었다. 그 후의 조사에서 일본인이 잔류하고 있는 곳은 사할린지역뿐임이 판명되었다. 1957년 8월 1일 마침내 사할린 마오카에서 마이즈루(舞鶴)로 집단귀환이 7회에 걸쳐 실시되었다

(1957년 6월부터 59년 9월까지 실시된 귀환을 '후기집단귀환'이라 부른다).

이에 앞서 1952년 4월 19일에 일본 정부는 조선인의 국적에 대해서 '조선 및 대만은 (강화)조약 발효일부터 일본국 영토에서 분리되므로 이에 따라 조선인·대만인은 내지에 거주하고 있는 자를 포함하여 모두 일본 국적을 상실한다'(법무성 민사 갑 제438호, 민사국 통달)고 하였다. 이전에 강제적으로 부여한 일본 국적을 또다시 강제적으로 박탈했다. 즉 사할린잔류 조선인은 일본 국적 보유자의 의무로서 사할린에 강제연행되었음에도 불구하고 이제는 일본 국적을 상실한 자로서 일본으로 귀환하는 권리가 부정되었다. 그러나 전기집단귀환과 달리 일본인 여성과 혼인 관계에 있는 조선인과 그 가족에 대해서는 일본인 여성의 동반자로서 귀환이 인정되었다. 그 결과 일본인 766명과 일본인 여성과 결혼한 조선인과 그 가족 1451명, 합계 2307명이 일본으로 귀환했다.

1958년 귀환원호업무의 기관으로서 최후까지 활동했던 마이즈루와 요코하마(橫浜)의 귀환원호국이 문을 닫았다. 이에 따라 조직적인 복원·귀환은 종료되고, 이후 모두 일반여객선·화물선 등에 의한 자비(自費)의 개별귀환으로 이행하게 되었다. 개별귀환은 소련 정부의 허가를 받아 소련 본토 나호토카를 경유하여 귀환하였다. 사할린으로부터의 귀환자는 1959년 9월 27일부터 현재까지 일본인이 약 150명이고, 그 대부분이 조선인과 결혼한 일본인 여성이었다. 그러나 일소공동선언에 의거한 후기집단귀환과 다르게 조선인 배우자의 재류 자격이 제한되고, 게다가 조선인 배우자의 양친 귀환은 허용되지 않았다.

일본정부의 대응

1958년 2월 6일에 '사할린억류귀환 한국인모임'(현재 '사할린귀환 재일한국인모임' 회장·박조학(朴魯學) 씨)이 결성되었다. 후기

집단귀환으로 일본인 가족으로서 귀환한 사람들에 의해 잔류동포의 귀환, 귀환자의 생활자금 확보를 목적으로 활동을 개시했다. 일본 정부, 일본적십자사 등 관계 국가·기관으로 진정, 탄원을 반복했다.

1973년 5월 16일 모스크바 일소적십자사 대표회담 자리에서 토로얀 총재는 '일본 정부가 사할린 조선인의 자유의사를 존중해서 일본 거주를 허가하거나, 모국으로의 귀환희망자에게 일본을 경유하여 귀국하는 것을 조건으로 한다면 소련적십자사는 출국에 협력한다'고 발언했다. 그러나 일본 정부는 이 문제에 관해서 대일강화조약에 의해 조선인은 일본 국적을 상실했으므로 일본에서의 영주를 인정할 수가 없다고 하며 그들의 입국허가(도항증명서의 발급)를 거부했다. 일본 정부는 조선인에 대한 전후처리는 1965년 12월 18일에 체결되었던 한일조약에 의해 모두 해결되었다. 일본에 거주하는 '한국 국적' 조선인의 '협정정주권'은 어디까지나 혜택에 불과하다고 하며 사할린 조선인에 대해서도 '최종 거주지로 한국을 희망하는 귀환희망자에 한정하여 한국 정부가 귀환비용의 일체를 부담한다면 소련 정부와 교섭할 용의가 있다'고 하는 매우 소극적인 태도로 일관했다.

한편 한국에서는 1970년 12월 10일에 대구에서 '사할린억류 교포 귀환 촉진회'(현재 '중소이산가족회(中蘇離散家族會)' 회장·이두훈(李斗勳) 씨)가 발족했다. 일본의 한국인모임과도 연락을 취해 1981년 8월 15일에 제1회 총회를 개최하여 유수가족 50명이 모였다. 모임의 운동은 ① 연행된 자의 귀환 ② 편지 연락 ③ 가족 찾기를 목적으로 하고 있다. 또한 유골송환에 대한 진정(陳情)도 하고 있다. 과거 10년 동안 조사·고충에 대한 호소는 95만 건에 달하고 있다. 현재 사할린 관계로 2166세대, 중국 관계로 1346세대의 회원이 있다.

그런데 1975년 8월 이후 일본 정부는 지금까지의 태도를 바꾸어

박조학 씨에게 입국신청서(도항증명서 발급을 위한 신청 용지) 2천 부를 교부하였다. 박조학 씨는 사할린·한국과 연락을 취해 사할린 잔류조선인 약 천 명에게 입국신청서를 송부했다. 1978년 3월 2일까지 일본 영주 희망자 = 14세대 46명, 한국 영주 희망자 = 123세대 392명, 합계 137세대 438명이 재소일본대사관에 입국허가를 신청하였다. 일본 정부는 이에 대해 신청자가 전전, 현재의 일본영토에 거주했던 자, 그리고 한국영주 희망자의 경우는 한국 정부에 조회한 후에 한국 정부로부터 입국허가를 받은 자에 한정하여 신청을 허가하는 방침이었다. 1984년 12월까지 입국허가를 인정받은 자는 일본영주 희망자 = 9세대 35명, 한국영주 희망자 = 115세대 376명, 합계 124세대 411명이다. 이 가운데 현재까지 귀환이 실현된 자는 2명(소련 본토로부터 귀환한 1명을 포함한다), 한국 귀환자는 1명에 불과하다.

1976년 6월에는 소련의 출국허가를 받아 나호토카로 건너가서 입국 신청을 한 사할린 잔류조선인 4명이 있었는데, 일본 정부의 방침에 따르는 절차가 소련 출국 기한에 맞지 않아 원통한 눈물을 흘리며 사할린으로 돌아왔다. 이 4명 가운데 3명은 이미 세상을 떠났다. 그리고 이때부터 소련 정부의 대응에 변화가 생겨, 소련 당국은 사할린 조선인이 일본의 도항증명서를 받은 경우에도 출국을 허가하지 않았다.

온돌방
おんどるばん

페이지
254-256

필자
아베 히데오(阿部英雄),
야마베 요시히코
(山部嘉彦),
히나 노부오(日那暢夫),
쓰르조노 유타카(鶴園裕)

키워드
지문날인제도,
재조일본인론,
황철(黃鐵),
사할린잔류 조선인

해제자
김현아

창간호 준비 시절 도쿄도(東京都)·분쿄구(文京区)·아베 히데오(阿部英雄)·출판편집자

창간한 지 이제 10년이 된다. 편집실이 지금 이곳으로 이사 오기 전에 창간준비로 분주했었던 작업실을 방문한 때가 생각난다. 외부에서는 알 수 없는 어려움도 많았겠지만 훌륭한 궤적을 남긴 것을 진심으로 축하하며 앞으로의 건투를 빌다.

10년의 엄격함 후쿠오카현(福岡県) 가스야군(粕屋郡)·야마베 요시히코(山部嘉彦)·자영업·37세

10년 동안 정기적으로 간행을 계속해 온 엄격함과 제40호 끝부분에 실은 단행본에서 짐작할 수 있는 계간 삼천리 내용의 충실도에 경의를 표한다. 계간 삼천리에서 나는 대단히 많은 것을 배웠다. 정말 고마운 일이다. 민단(民団)·총련(総連) 사이에서 비정치를 지향하면서 자이니치(在日)의 새로운 사상적 흐름이 『계간 삼천리』를 중심으로 전개되었다. 확실히 도움이 되고 있어 기쁘게 생각한다.

조선의 고유명사는 루비를 달아야 한다고 생각하는데 계간 삼천리는 필자의 재량에 맡기고 있다. 편집방침으로 채용되기를 바란다. 그렇게 하면 인명 읽기를 통일할 수 있다. 앞으로도 자극적이며 재미있는 내용으로 구성해주기를 바란다.

해외 조선인의 연재를 기요세시(淸瀨市)·히나 노부오(日那暢夫)·회사원·27세

창간 10주년을 축하합니다. '편집을 마치고'를 읽고 연재되었던 논문이 많은 단행본으로 탄생한 것에 새삼 놀라고 있다. 나는 각 나라에 사는 조선인의 상황에 흥미를 갖고 있어서 '우수리(Ussuri 러시아, 烏蘇里)지방 조선인 이민사'와 제40호의 '재일·재미 조선인·중국인'은 매우 흥미롭게 읽었다. 이와 같은 논문이 지금까지 많이 게재되어 있으므로 한 권의 책으로 만들었으면 좋겠는데, 연재논문이 아니면 단행본이 안되는 것 같다.

그래서 각 나라에 사는 조선인의 상황에 관한 연재를 계간 삼천리가 기획해서 나중에 그 연재들을 단행본으로 하는 것은 어떨지요. 이번 호처럼 필요하면 중국인 등 다른 민족도 만나서 각 나라의 민족정책에 대해서도 다루어 주었으면 좋겠다.

역작만의 특집 다마시(多摩市)·쓰르조노 유타카(鶴園裕)·강사·34세

변함없이 열의 있는 편집으로 읽은 보람이 있었다. '가교'에 있는 문장은 모두가 자신의 고정된 조선관을 움직이게 할 만큼 날카로웠다. 새삼스러운 말이지만 일본인에게 조선관을 묻는 것은 그 사람의 삶의 태도와 신조를 묻는 것이라는 사실을 다시 생각하고 있다.

「조선의 근대와 갑신정변」 특집은 역작들로 특히 하라다 다마키(原田環) 씨의 글은 박영효의 인간상 등 개화파의 이미지를 구체적으로 서술하고 있어 매우 재미있게 읽었다. 아쉬운 점은 이노우에 가쿠고로(井上角五郎)와 후쿠자와 유키치(福沢諭吉), 박영효, 김윤식 등의 인간상을 통해서 근대의 조일(朝日)관계가 얽힌 근본적인 출발점을 더욱 냉정하게 써주기를 바랐었다.

『계간 삼천리』에서 전전의 재조일본인론에 관한 특집을 다루었으면 좋겠다. 한일관계가 '긴밀화'해지고 있는 지금 식민지화되기

전에 거류지에 살았던 일본인과 이노우에 등에 대해 포함하는 것도 의미가 있다고 생각하기 때문이다.

지문날인제도와 고교생 하치오지시(八王子市)·나카무라 모리(中村守)·교원·40세

'왜 이러한 제도가 있어야 하는 건가요. 이 제도는 일본인으로서 창피할 일이다. 일본국민 한사람 한 사람이 올바른 판단과 자각을 가지고 빨리 이 제도를 철폐해야 한다'—이 말은 지문날인거부 예정자회의의 홍대균(洪大均) 씨가 「지문날인제도는 차별의 상징(指紋押捺制度は差別の象徵)」(『아사히신문(朝日新聞)』 11월 6일 논단)을 '현대사회'의 기본적 인권의 수업에서 자료로 사용했을 때 고교 1학년생의 감상이다. 45명 거의 전원이 외국인등록법에 의문을 갖고, 감상문을 보면 지문날인제도의 잘못됨을 호소하고 있다.

재일외국인의 대부분이 재일조선인이다. 외국인등록법이 치안대책으로서 존재하고 있는 것은 명백한 사실이다. 우리 일본인에게 재일조선인이 '적'이었던 적이 한 번이라도 있었는가. 일본인이 '적'으로서 존재한 적은 있다.

'경제적으로 성장했다고 해도 인간 그 자체의 사고에는 어딘가 아직 어리석은 점이 있다'—일본과 일본인의 오늘날의 모습은 고교생의 눈에는 이처럼 성장하지 않고 미숙하게 보이는 것이다. 우리 일본인에게 주어진 과제는 공생, 공존의 원점에 서는 것은 아닐까.

'6% 실용'에 대해 지바시(千葉市)·사가야먀 히로코(嵯峨山浩子)·점원·24세

아사히야(旭屋) 서점에서 계간 삼천리 41호를 계산대로 가지고 갔다. 계산원이 41호 뒷면을 보더니 잡지번호를 찾고 있었다. …… 없다. 당황하는 모습이었다. 다른 계산원과 상담을 하고 '6% 실용'으로 계산하였다. 『계간 삼천리』는 실용서였다.

조선어를 배우기 시작한 지 3년이 되었으나 아직 편지 한 장을 쓸 수 없다. 동사의 불규칙 변화와 존경어 사용에 고생하고 있다. 최근에 갑자기 한류 붐이 한창이라고 하는데 우리 회사의 조선인은 중국어로 말하는 사람들이 꽤 있다. 중국어로 말하는 조선인은 '중국에 살았던 조선족'이다. 나도 조선어를 처음 배우고 '아리랑' '도라지'를 알았기 때문에 사람들과 별로 대화를 하지 못했다.

첫 구독 구마모토시(熊本市)·다마야먀 이사오(玉山功男)·23세

이번에 처음으로 제39호를 구독했다. 계간 삼천리 잡지를 사게 된 것은 표지에 「재일조선인과 외국인등록법」이라는 특집 주제가 눈에 띄었기 때문이다. 나는 이전부터 등록법에 대한 지식이 없음에도 불구하고 왠지 이해하고 있는 것처럼 생각하고 있어서 불안하고 고민도 되었다. 하지만 계간 삼천리를 읽고 많은 공부가 되었고, 나름대로 납득이 가는 지혜를 얻을 수 있어 자신감이 생겼다.

조선이 가까이에 히가시오사카시(東大阪市)·히로세 기요미(広瀬希代美)·교사·26세

한국 국적·조선 국적을 가진 친구가 많아서 그들의 현재 상황과 생각 등을 조금이라도 알고 싶어서 계간 삼천리와 재일외국인에 대한 서적을 찾아서 읽고 있었다. 지역에서 하는 활동에도 언젠가는 참여하려고 생각하고 있다. 계간 삼천리의「독서 안내」에 조선에 관한 추천 도서가 실려 있어서 여러 가지 읽어 보았다. 왠지 감동 같은 것이 느껴져서 스스로 의아해하고 있다. 『계간 삼천리』를 통해 조선을 한층 가까운 나라로 인식할 수 있게 되었다.

서울올림픽을 생각한다 가와사키시(川崎市)·다카하시 가즈코(高橋和幸)·사진사·33세

1988년 서울올림픽을 앞두고 지금 일본은 한국(조선) 분위기로

97

가득하다. 그렇게 하는 것도 좋은데 무언가 잊고 있는 듯한 생각이 든다. 스포츠에 의한 각국 우호도 훌륭하지만, 도쿄가 올림픽을 하면서 편리함, 외관을 위해 많은 것을 파괴했다. 한국에서도 지금 그것이 시작되고 있다. 이대로라면 한국도 일본과 같은 길을 걷게 된다. 소생(小生)은 지금 강제연행된 조선인 노동자, 여공(女工)을 조사하여 사진으로 기억을 더듬어보려고 한다.

가보의 조선 한시 기타큐슈시(北九州市)·다카쿠라 쇼이치(高倉昭一)· 자영업 57세

10년 전에 서점에서 계간 삼천리를 발간하고 조선 역사에 흥미를 갖고 계속 읽고 있다. 실은 돌아가신 아버지 유품 속에서 선조 중에 한 분이 남기신 조선인 한시를 발견한 것이 계기였다. 작성된 시대는 1887년 초쯤으로 추정되고 혁명당의 실패로 일본으로 망명한 사람의 시인 것 같다. 거기에는

탁목휴탁목(啄木休啄木)
고목여반복(古木餘半腹)
영지풍우소(寧知風雨宵)
목전여무옥(木顚汝無屋)
금일동양지형세(今日東洋之形勢)
탁목여탁고목지감(啄木如啄古木之感)
고부제위(故賦題爲)

라 쓰여 있고, 이름은 '황철(黃銕)'로 기록되어 있다.

황철 씨에 대해 아시는 분 있으신지요. 오언절구(五言絶句)에 표현된 당시의 조선 지식인의 고뇌, 슬픔이 백 년 후의 우리에게도 절실하게 전해져온다. 선조 한 분은 이 한시를 가보로 소중히 하라는 글을 남겼다.

황철(黃鐵)에 대해서 편집위원 강재언

철(鐵)은 철(鐵)의 고어이므로 황철(黃鐵)이라고 한다. 이 사람의 경력에 대해 상세히 알 수는 없지만, 조선에서 갑오개혁(1894.7~1896.2)에 실패하고 박영효가 일본으로 망명했을 때 같이 망명해서 박영효의 심복이 되었다. 그는 한시를 잘 짓고 특히 달필로 일본에서는 김옥균의 글씨 다음으로 많은 글을 남기고 있다. 귀국한 것은 1908년 무렵이다.

편집을 마치고
編集を終えて

지난 1월 30일 『조선신문』은 2페이지를 할애하여 「생이별한 자의 기록」을 실었다. 2월에 '육친 찾는 여행' 일본방문단에 참가한 중국 잔류 일본인 고아 90명이 육친과 헤어질 당시의 경위 등을 읽으면서 15년 전쟁이 남긴 상처의 깊이에 대해서 지금 한번 생각하지 않을 수 없었다.

'전후는 끝났다'라는 말은 자주 듣지만, 전쟁의 뒷수습에 대한 말이 없는 것은 중국 잔류고아의 문제만은 아닌 것 같다. 일본의 옛 영토였던 사할린에는 전후 40년간 오로지 귀국을 계속 기다리는 수천 명의 조선인이 있는데 일본 정부가 움직이지 않으면 그들에게 귀국의 길은 열리지 않는다.

히로시마(広島)・나가사키(長崎)에서 피폭한 조선인은 8만에서 9만 명쯤이라고 한다. 한국에는 만 명을 넘는 피폭자가 일본에서 치료받기를 기다리고 있다. 이번 호 계간 삼천리의 도요나가 게사부로(豊永恵三郎)와 나카지마 다쓰미(中島竜美) 두 분의 논문에서 알 수 있듯이 한국인 피폭자는 이미 60에서 70세의 고령자들이다.

독자들로부터 강한 요청도 있어 「일본의 전후책임과 아시아」를 특집 기획하였는데 다시 보아야 할 문제가 무수히 남아 있는 것 같다. 최근 몇 년 동안 용지와 인쇄비 가격이 계속 인상되었다. 계간 삼천리는 5년간 구독료의 현상 유지를 위해 노력해왔는데 이번

페이지
256

필자
이진희
(李進熙, 1929~2012)

키워드
『조선신문』,
15년 전쟁, 사할린, 피폭자,
전후책임

해제자
김현아

호부터 780엔으로 인상하게 되었다. 미안한 일이지만 양해를 부탁
드린다.(편집위원 이진희)

1985년 여름(5월) 42호

양손 유미코는 이와테현(岩手県) 출신으로 조치(上智)대학 문학부 영문학과를 졸업했다. 스톡홀롬대학(Stockholms University) 스웨덴어학과를 수료했다. 1996년에는 「FGM폐절(廃絶)을 지원하는 여성들의 모임(Women's Action Against FGM, Japan 약칭 WAAF)」을 설립했다. 이 활동을 통해 1998년 상을 수상한다. 번역가와 평론가로 활동했다. 이 글은 『보라색의 떨림』 저자가 퓰리처상 수상을 했을 때 미국에서 보도된 내용을 통해 사회적 인식이 갖는 문제에 대해 적고 있다.

우연한 일로 아메리카 소설을 번역하게 되었다. 원은 'The Color Purple'이고, 일본어판은 『보라색의 떨림』으로 정했다. 2월에 막 간행 되었는데,이 원고를 쓰고 있는 3월 20일 현재까지 아직 서평이 나오고 있지 않다. 지금까지 내 책 혹은 번역서를 간행해 왔는데, 이번 이 책만큼 세상 사람들이 이 책을 어떻게 받아들일까하고 걱정한 적은 없다. 왜 그러한 기분이 들었을까, 그것을 적어보고 싶다.

『보라색의 떨림』은 현재 아메리카에서 가장 주목을 받고 있는 작가 중 한 사람인 앨리스 워커(Alice Walker)의 작품이다. 그녀는 이 작품에서 1983년도 퓰리처상(Pulitzer Prize)과 전미국도서상을 차지했다. 아메리카에서 가장 권위있는 상으로 간주되는 두 개의 상을 한 명의 작가가 차지한 것 자체가 화제를 부르기에 충분한

페이지
14-16

필자
양손 유미코
(ヤンソン由美子, 1943~)

키워드
'The Color Purple',
퓰리처상,
앨리스 워커(Alice Walker),
여성, 흑인

해제자
서정완

일이었는데, 그 위에 그 작가가 여성이며 흑인이라는 것이 뉴스거리가 되었다.

나는 아메리카의 인종차별 문제를 잘 알고 있는 것은 아니지만, 워커 씨의 수상을 보도하는 아메리카 신문은 항상 '풀리처상을 수상한 앨리스 워커는 최고의 흑인 여성 작가'라며 그녀가 풀리처상을 수상한 최초의 흑인 여성작가라는 것의 '뉴스성'을 강조하고 있었다.

워커 씨는 후에 인터뷰 중에 '퓨리처상 수상자가 흑인이라는 것이 무엇을 의미하고 있을까, 작가는 작가로서의 자격으로 평가를 받는 것이다'라고 말했다. 그녀의 의견은 맞다. 나는 여기서 여성작가라고 적었는데, 여류작가라는 일본어도 있다. 일본의 여성작가 중에도 여류작가라고 불리는 것에 위화감을 갖는 사람이 많다는 것을 들었다. 워커 씨도 또한 특별하게 '여성이, 게다가 흑인이'라고 쓰여지는 것에 대해 화를 내고 있는 것 같다. 이 보도 방식은 아이러니컬하게도 아직도 아메리카 문학계의 최고의 명예로 알려진 퓰리처 상 수상자는 백인이면서 남성작가가 주류하고 하는 것을 세계에 알려주었다.

흑인 영혼이 말한 말들은 아메리카의 또 하나의 진실이기도 하다. 우리들이 알고 있는 아메리카는 백인에 의해 말해지는 아메리카였던 것이다. 아메리카 독립선언도 경제번영도 아메리카의 백인들의 손에 의한 것이었다. 그리고 자유와 평등도 번영도 백인들이 먼저 향유해 왔다. 동시대를 흑인들은 어떻게 살았을까, 나는 알지 못했다. 아메리카인이 아니어서 알지 못했던 것이 아니라 '역사에 기록되지 않았기 때문에' 알지 못했다는 것을 이 책은 가르쳐준다. 흑인의 체험이나 주장을 적은 것이 거의 남아있지 않았던 것이다.

「간도 빨지산의 노래」의 수수께끼
[架橋] 「間島パルチザンの歌」の謎

도사토 후미오는 작가이다. 작품으로는 『인간의 뼈(人間の骨)』(1966)가 있다. 이 글에서는 간도 빨지산의 노래와 마사무로 코와의 관련성에 대해 적고 있다.

1932년에 '간도 빨지산의 노래'라는 장편 시를 발표한 마사무라 코(槇村浩)와 조선의 관계에 대해 생각해 보고자 한다. '간도 빨지산의 노래'는 조선인민이 일본제국주의에 대한 독립투쟁을 노래한 181행에 이르는 장편 시이다.

1919년 3월 1일 대한독립만세 소리가 조선 전국을 흔들었을 때부터 이 1930년 전후이 간도 빨지산 투쟁에 이르기까지 조선 독립투쟁을 웅장하게 노래한 이 시는 1932년에 일본의 『프롤레타리아문학』(임시증간호)에 발표되었다. 발표와 동시에 커다란 반향을 일으켰다. 물론 곧바로 발행금지 탄압을 받았지만, 한번 인민의 손에 건너간 이 시는 헤어질 때까지 일본 청년들의 손에서 손으로 전달되어 읽혀졌다. 그리고 이 시 작가인 마사무라 코가 조선인 시인이라는 것을 그 누구도 의심하지 않았다.

전후에 이 시를 읽은 김달수 씨 자신조차도 '조선인 시인일 것이다'라고 생각할 정도였다. 그 후 이 마사무라 코가 일본인이라는 것을 알고서도 김달수 씨는 나에게 직접, '서당이라는 단어 같은 것은 조선의 독특한 것으로 일본인이 알 수 없을 텐데'라며 고개를

페이지
16-20

필자
도사 후미오
(土佐文雄, 미상)

키워드
빨지산,
마사무라 코
(槇村浩),
『인간의 뼈(人間の骨)』,
마르키스트

해제자
서정완

갸웃거릴 정도였다.

내가 그의 전기소설을 집필하던 중에 가장 고생한 것나는 그 후 마사무라 코에 대해 10여년에 걸쳐 조사하여 『인간의 뼈(人間の 骨)』라고 제목을 지어 그의 전기 소설을 썼다. 이 소설은 1961년 잡지에 연재를 개시한 것이 처음이고 그후 도쿄 신독서사(新讀書 社)로부터 단행본으로 출판되어 동방출판사에서 재판, 현재 이견서 방(二見書房)의 '리욘북(Lyon books)'이 되어 발매중이다.

이 '간도 빨지산의 노래'와 마사무라 코와의 관계이다. 그는 대 체 왜 조선에 관심을 가졌고 게다가 조선인의 시라고 생각할 정도 로 조선인적인 시를 쓸 수 있었을까라는 점이다. 이 수수께끼를 어떻게 풀어 갈까가 문제였다.

마사무라 코는 오카야마 재학 중인 1930년에 조선 문제에 접촉 했던 것이 틀림없다. 이후의 조사에서 간사이(関西)중학에 조선인 학생이 5명 동급생으로 재학했다는 것이 판명되었다. 이미 과학적 마르키스트로서 국제적, 계급적인 의식을 가진 영재였던 마사무라 코는 조선 문제를 올바르게 파악하고 아시아에서 일본의 야망을 부술 키가 조선에 있다고 본 것은 의심할 여지가 없다. 그렇다. 소 비에트러시아에 대해 국제 프롤레타리아트의 승리에의 길은 이 1930년 5·30의 일제에 대한 조선, 간도 빨지산의 동지들의 무장봉 기였던 것이다. 이 투쟁이야말로 희망의 별이라고 마사무라 코는 파악하고 있었음에 틀림없다.

그는 이것을 자신의 시의 모티브로 하려고 결심했다. 박학한 마 사무라 코였는데 그는 이를 위해 조선 역사는 물론이고 지리, 풍토, 풍속, 기후, 새의 이동에 이르기까지 면밀하게 조사했다. 19살의 그는 이 시점에서 자신이 갖고 있는 재능과 정의감과 사회관 그리 고 정열 모두를 쏟아 부어 이 시를 썼다. 마사무라 코가 일본에 의해 짓밟힌 조선민족에 국제 연대의 마음과 스스로의 희망을 가 탁(托)하여 완성한 것이 '간도 빨지산의 노래'였던 것이다.

가교

동정을 넘은 공생

[架橋] 同情を超えた共生

사토 분메이는 평론가이다. 도쿄에서 태어나 호세이(法政)대학 사회학부를 다니다가 중퇴하고, 자치제 직원(호적계 담당)을 거쳐 프리 선언을 한다. '한(韓) 씨의 지문날인거부를 지지하는 모임'을 창설하여 활동한다. '여성과 천황제연구회', 자유민권 21에 소속되어 활동했다. 이 글은, 필자 자신이 학생시절에 겪은 조선인과의 경험을 통해 '조선인관'과의 갭에 대해 적고 있다.

지구가 한번 빙글 돌았다고 느끼는 순간 내 발은 교실 창문을 찼다. '어쩌지'라고 생각했지만, 곧바로 창문 유리 깨지는 소리가 들렸다. 선생님의 설교에 자세를 고쳤다. 그렇지만 정 군과 나는 속으로는 혓바닥을 내밀며 재밌어 했다. 나는 정 군의 한판엎어치기를 당한 것이다. 1959년 하치오우지(八王子)에 있는 소학교(5학년) 때의 일이다. 그는 구김살 없는 남자 아이였고, 매우 강했지만 강한척 하지 않고 놀림을 당해도 여학생들과 노는 것을 매우 좋아했다. 뛰어난 행동력은 여자아이들에게 인기를 얻었다.

당시 어른들 세계에서 흘러오는 조선인관은 이상한 것들이 많았다. 막걸리 밀조(密造)용의로 경관대가 조선인 부락을 둘러싸거나, 불법 건축이라는 구실로 조선인 주택이 백주대낮에 공공연하게 철거당하기도 했다. 여전히 모략적인 조선인 정책이 전개되고 있었다. 조선인을 매도하는 어른들도 많았고 노상에서 싸움이 벌어지

페이지
20-23

필자
사토 분메이
(佐藤文明, 1948~2011)

키워드
조선인관, 조선인 정책,
지문날인 거부, 인권

해제자
서정완

는 경우도 종종 있다. '왜 그런 짓을 해'라며 어렸을 때 나는 아버지로부터 이런 질문을 받은 적이 있다. 잊어버렸지만, 아버지가 이야기해 준 것은 역사적인 사건들이었다.

여하튼 나는 어른들 세계로부터 흘러나오는 조선인관과 어린이들 세계에서 실체험 한 것에서 나온 조선인관의 갭에 뭔가 명쾌하지 않은 느낌으로 성장한 것은 틀림없다.

작년 가을 오사카에서 지문 날인을 거부한 고교생이 집회에 참가하기 위해 도쿄에 왔다. 집회에서는 실로 분명하게 조선민족의 자긍을 피로했다. 아니 아무것도 자긍을 보여주지 않고 민족의 자신감을 전해 주었다. 집회 후 나는 이 아이에게 하라주쿠(原宿)를 안내 해 주었다. 강 군이었다. 도쿄는 처음이라고 했다. 학교 친구들이 부러워했다고 한다. '저쪽 코너를 돌면 가게가 있을 거야', '지금 유행하는 것은 이거다. 이것으로 1주일은 학교에서 이야깃거리가 된다'라며 이야기를 나누었다.

무엇을 숨기겠는가. 이런 모양새로 안내를 받은 것은 내 쪽이었다. 값싼 액세서리는 친구들을 위한 선물이었다. 모두가 그의 지문날인 거부를 당연한 것이라고 생각하고 응원해주는 나쁜 친구(일본인도 많았다)가 돈도 안주고 하라주쿠 선물을 기다리고 있는 것이다. 대쪽 같은 성격으로 생각한 것을 솔직하게 표현하는 태도를 가졌다. 나 또한 그의 투명한 마음 속까지 안내를 받는 것 같은 느낌이었다.

나는 작은 희망을 보았다. 인권의 싹은 어딘가에서 확실하게 자라고 있다. 서로 다른 민족이 상호의 역사나 문화에 근거하여 서로 이해하고 함께 살 가능성이 이 아이들에게는 존재하는 것이 아닌가. 홀연히 그러한 생각이 들었다. 그와 그의 친구들이 어떻게 자라고 있는지는 모른다. 그러나 그것은 내가 부모들 시대와 다르듯이 나와 정 군의 연결점도 다른 것이다. 걱정되는 것은 교육의 반동화이다. 교육의 장을 제외하면 인권과 만날 찬스가 적은 일본의 어린이들을 어떻게든 하지 않으면 안될 것이다.

지문제도로 보는 국가의식의 암부暗部

指紋制度にみる国家意識の暗部

페이지
24-32

필자
에바시 다카시
(江橋崇, 1942~)

키워드
지문날인,
비일본국적,
자유인권협회,
다나카 히로시
(田中宏), 오누마
야스아키
(大沼保昭),
배외주의

해제자
서정완

에바시 다카시는 도쿄대학 법학부를 졸업하고, 호세이(法政)대학 법학부 조교수, 교수를 역임했다. 호세이대학 현대법현구소 글로벌 콤펙트연구 센터 센터장을 지냈다. 평화포럼 대표를 지냈고, 시민입법 기구 운영위원, 한일시민사회 포럼 운영위원도 지냈다. 이 글은 지문날인 제도가 갖는 비인격적인 논리에 대해 적고 있다.

지문날인 문제 검토에는 문제의 '깊이, 길이, 넓이'의 측면에서 파악해야 한다는 세 가지 시점을 필요로 한다. 첫 번째, 문제의 '깊이'로 이해한다는 것은 불합리한 지문날인 강제가 일본에 재류하는 비일본국적 시민의 인권을 얼마나 심각하게 짓 밟고 있는가에 대한 시점이다. 지문날인 강제는 시민의 프라이버시를 침해하고 품위를 손상시키는 것이기 때문에 일본국 헌법 13조 국제시민권규약 7조와 17조에 위반할 뿐 만 아니라, 일본국적 시민에 요구되지 않는 의무를 비일본국적 시민에 불합리하게 강요하고 있는 차별로서 헌법 14조, 시민권 규약 26조의 내외인 평등 처우 원칙에도 위반된다. 여기에 문제의 핵심이 있다는 것은 아무리 강조해도 지나치지 않을 것이다. 지금까지 많은 발언들이 있었고 나도 주로 자유인권협회 의견서(1984년 3월 발표) 작성에도 관여하는 가운데, 이것을 검토하고 의견을 피력했다.

두 번째로, 문제를 '길이'로 생각하는 시점이란, 지문날인 문제의

110

뿌리를 제2차세계대전후의 일본이 불성실하게 구식민지 청산을 해온 뒤틀림에서 보는 입장이다. 일본에 재류하는 비일본국적 시민의 대다수는 구식민지인과 그 자손들이라는 것은 여기서 다시 설명할 필요가 없다. 그들에 관한 전후 처리는 단추를 잘못 끼운 것으로 항상 기묘한 형태로 전개되어 왔다.

국제법 룰에서 보면 당연히 일본 국적으로 남아 참정권도 갖고 있어야 할 사람들로부터 그것을 박탈하고 일방적으로 외국인으로 다루며 국적 선택권이 부여되어야 할 평화조약 체결 시의 조약 안에 그것을 부여하지 않고 그렇다고 외국인과 동일한 법률로 다루는 것이 아닌 변칙적인 법 상태의 역사 속에서 오늘날 지문날인 문제의 근원이 있다는 것에서 보면, 지문날인문제 검토는 비일본국적 시민의 전후의 역사 전체를 총괄하는 작업에 가깝다고 볼 수 있다. 다나카 히로시(田中宏), 오누마 야스아키(大沼保昭) 두 교수의 발언에는 특히 이 관점에 아주 짙다.

세 번째 시점은 이 문제의 적절한 해결이 국제화 시대에 국가의 진로를 모색하고 있는 일본이라는 국가나 일본국적시민에 있어서도 긴요(緊要)의 과제라는 시점이다. 지문날인은 전후 일본의 자기의식의 자화상이다. 신생국가나 사회로부터 누군가를 배제할까라는 형태로 그곳에는 일본인사회의 사고방식에 존재양상에 민족, 국가의 모습이 네거티브하게 그러나 적나라하게 나타나고 있으며 그 저류에는 타 여러 선진국과 비교해 본다면 기묘한 자기의식이 존재하고 있다고 볼 수 있다. 지금 지문날인 문제를 생각하고 그 법 제도 변경을 요구하는 작업은 전후 일관하여 끌어안고 온 스스로의 국가의식의 암부를 직시하고 그 절개를 촉진하는 것이 된다.

지문날인 강요로 대표되는 배외주의적인 국가상, 국민상은 과연 금후의 국제화의 시대에 대응할 수 있을까를 진지하게 고민하고 있는 자들 사이에 일부 재계인이 있다. 그들도 또한 지문날인은 무역관계자의 일본 방문을 방해하는 비관세장벽의 하나라고 서구 여러 나라로부터 비판을 받아, 자신들이 계상하고 있던 것과는 전혀 다른 인상을 일본이 주고 있다는 문제의 소재와 성질을 알게 되었다. 지문날인에 반대하는 것은 일부 아시아계 사람들이라고 하는 편견은 서구 여러 나라로부터의 비판이나 구미인의 지문날인 거부에 의해 깨져버렸다. 서구와 아시아의 틈새에서 재계(財界)로부터 임조(臨調)에 이르는 많은 일본인 속에도 이 문제는 실로 자신들의 문제라는 것에 눈뜨는 자가 증가하고 있다.

지문날인 문제는 일본인에게 있어서는 자신의 특수성을 인식하고 자기 고유의 가치관과 국제사회에 있어서의 보편적인 가치 체계와의 거리를 자각해야 할 관계성을 모색하는 작업이기도 하다. 지문날인은 그러한 의미에서 일본인의 자기 의식개혁의 일환으로 위치 지어져야 할 것이다. 본 논고에서는 주로 두 번째와 세 번째의 시점을 심화해가기 위해 지문날인 제도의 역사를 되돌아보고 그것이 헌법과 이하의 인권 규범군에 충돌하는 것을 지적하고, 금후 일본인 자신을 위해서라도 그것의 발본적인 개정이 필요하다는 것을 주장하고자 한다.

지문날인 거부 재판의 쟁점

指紋押捺拒否裁判の争点

니미 다카시는 아이치현(愛知県)에서 태어났다. 1966년 나고야 공업(名古屋工業)대학 기계공학과에 입학했다가 퇴학하고, 다시 1967년에 도쿄대학 문과에 입학한다. 1971년 사법시험에 합격하고 1974년 변호사를 등록한다. 일본의 변호사로 활동했고 시마네(島根)대학 대학원 법무연구과 교수를 역임한다. 아시아인권 기금 이사, 하나오카(花岡)평화 우호기금 운영회 운영 위원을 지냈다. 이 글은 지문날인제도의 도입, 그리고 그 과정에서 인권 보장에 대한 논의가 충분하게 이루어지지 않고 진행된 것에 대한 문제점을 적고 있다.

지문은 그 특성적으로 개인 식별에 있어 최고의 과학적 수단으로 여겨지고 그렇기 때문에 경찰의 범죄수사에 매우 유효한 것으로 말하자면 '최고의 카드'로 사용되었던 것이다. 형사소송법 218조가 구속을 당한 피의자이외의 사람으로부터 지문을 채취하려면 재판관이 발행하는 영장(신체검사영장)을 필요로 한다는 취지의 규정이 있는데, 경찰의 수사기관이 지문을 채취하는 것이 인권을 침해하는 것을 전제로 하고 있기 때문이다.

단 이러한 규정은 신체검사라는 방법이 실력행사를 동반하는 측면을 중시하고 신체의 자유 관점에서 지문 채취를 규제하고 있는 것에 지나지 않는데, 지문이 정보로서 국가권력(특히 경찰)에 관리

페이지
33-41

필자
니미 다카시
(新美隆, 1947~2006)

키워드
지문, 국가권력,
인권보호, 차별,
배외주의, 치안 단속

해제자
서정완

113

되는 것에 의해 인권이 침해되는 점을 고려하고 있지 않다.

현대 최고로 발전한 과학기술을 가진 국가는 고전적인 실력지배 방법에 의지하는 이상 정보의 관리, 운용에 의해 권력지배를 가능하게 하고 있다. 현재의 외국인등록법 하에서 외국인은 지문이나 기타의 정보를 국가에 파악되는 것에 의해 정적(靜的)·동적으로 관리되고 있다. 지문날인제도는 현대국가의 새로운 권력지배의 방식을 외국인에게 사용하여 실현하고 있는 것이라고 말 할 수 있다.

그런데, 현행 법제도는 인권보호 관점에서 보면 정보 관리에 의한 권력의 지배 작용에 대해서는 아직 무력하다. 지문날인 제도는 옛날의 차별배외주의와 치안 단속의 사상이 낳은 산물이다. 그 위험성은 현대적이며 보편적이다. 각 재판소의 피고인 변호인이 지문날인의 강제성을 단순하게 지문을 날인하게 하는 것 자체의 불쾌감이나 굴욕감 차원이 아니라 보다 근본적인 인권침해로서 파악하고 있는 것의 의의는 중요하며 지문날인제도의 적용을 피하고 있는 일본인의 인권보장의 모습과도 밀접하게 연결되어 있는 것이다.

지문날인제도가 도입된 1952년 당시는 외국인과헌법의 기본적 인권의 보장 조항과의 관계에 대해 완숙하게 논의되지 않았다. 또한 현실사회에 일본인의 외국인=재일조선인에 대한 차별, 배외의식은 현재보다도 훨씬 더 노골적이고 공공연한 것이었고 외국인등록법의 지문날인제도 도입을 허락하고 이것을 오늘날까지 존속시켜 온 것이다. 그것은 다름 아닌 일본인 자신의 이 차별의식이며 배외적인 규범의식 및 그것의 반대편인 무지와 무관심이라고 말할 수 있다.

외국인 지문 제도의 도입 경위

外国人指紋制度の導入経緯

다나카 히로시는 일본의 경제사학자이다. 히토쓰바시(一橋)대학 교수를 역임했고, 류코쿠(龍谷)대학 안중근 동양평화 연구센터 객원연구원이기도 하다. 특히 정주 외국인의 지방참정권을 실현시키기 위해 한·일·재일의 네트워크 공동대표를 지냈다. 일본 평화학회 평화연구 장려상(奬励賞)을 수상했다. 이 글은 외국인 지문 날인이 포츠담 선언이후 생겨난 재류허가와 어떤 관련이 있는지를 설명해 주고 있다.

외국인만에게 지문날인을 의무지어 온 문제에 대해 생각할 경우, 그것이 어떤 상황 아래에서 도입된 것이었는가에 대해서도 검토해두지 않으면 안 된다. 나는 앞서 「외국인 지문을 둘러싼 입법사실과 현상(상)(하)」를 게재했는데,(『법률시보(法律時報)』1984년 10월호), 지문제도 운용의 '현상(現狀)'이 중심이 되어 도입과정에 있어서 '입법사실'(법을 지탱하는 사실)에 대해서는 반드시 충분하게 소개하는 것이 불가능했다. 따라서 여기에서는 도입과정을 주로 하여 관(官) 측의 자료에 의해 고찰하고 싶다.

일본이 포츠담 선언을 수락한 것은 1945년 8월이었다. 그때까지는 1939년 제정의 '외국인 입국 및 퇴거에 관한 건'(내무성령 6)이 있었는데, 일본 패전 후는 사실상, 정지 상태가 되었다. 약2백 수십만에 달하는 재류조선인은 전후 단기간 중에 모국에 귀환했다. 그

페이지
42-49

필자
다나카 히로시
(田中宏, 1937~)

키워드
외국인 지문,
포츠담 선언, 등록령,
불법입국자

해제자
서정완

리고 1946년 2월 점령당국 GHQ는 조선인 등의 히키아게(引き揚げ)를 원활하게 진행하기위해 '조선인, 중국인, 류큐인 및 타이완인의 등록에 관한 각서(覺書)'(SCAPIN746호)를 발령하고, 그것에 근거하여 일본정부는 조선인, 중국인, 본도인(本島人, 대만을 가리킴) 및 본적을 북위30도 이남의 가고시마현(鹿児島県) 또는 오키나와현(沖縄県)에 주소를 갖는 자의 등록령(1946년 3월 13일 후생, 내무, 사법성령 1호)를 공포하고 같은 해 3월 18일을 기해 등록을 실시했다. 이 법령은 「귀환 희망 유무를 조사하기위해」(동령 1조)였는데, 재류허가 가부에 관한 것이 아니라 퇴거강제 조항 등 전혀 포함되어 있지 않았다.

이 등록령에 의거하여 같은 해 3월 18일 현재 등록한 조선인은 64만 7006명이었다. 그 중에서 일본재류 희망자는 13만 2946명이었다. 따라서 2백 수십만이 이 시점에서 이미 65만 명으로 감소하고 게다가 50만 여명의 사람들이 귀환을 희망하고 있었다는 것이 된다. 그러나 그 이후 귀환 피크는 급격하게 떨어지고 역으로 귀환한 조선인의 일부가 역으로 일본에 돌아오는 현상이 보이게 되었다. 그리고 1946년 4월부터 같은 해 말까지 사이에 1만 7733명이 불법입국자로 검거되게 되었다.

1946년 가을에는 오사카에서 독자적으로 조선인등록을 실시한 기록이 남아 있다. 1946년 10월 5일부의 『건국신보』는 사설 '흔히 말하는 거주증명서는 밀항자 단속이 목적인가 재류동포 탄압이 목적인가'라는 글을 실었다.

'신원, 범죄 경력' 조회 시스템으로서 지문제도
身元・犯歴 照会システムとしての指紋制度

김영달은 아이치현(愛知県)에서 태어났다. 고베(神戸)대학을
졸업했고, 하나조노(花園)대학, 간사이(関西)대학에서 시간강의를
맡았다. 무궁화회(むくげの会), 효고(兵庫)조선관계연구회, 재일
조선인 운동사연구회 등의 회원으로 활동했다. 이 글은, 지문 날인
제도가 갖는 '개인정보 수집' 시스템의 문제점을 적고 있다.

'지문날인제도란 무엇인가'라고 묻는다면 '지문에 의해 특정・식
별한 개인의 각종 정보를 수집하고 그것을 국가가 독점적으로 이
용하는 시스템'이라고 대답하면 되는 것이 아닌가라고 생각하고
있다. 충분한 해답은 아니더라도 지문제도의 하나의 해석 방법일
것이다. 이러한 '지문등록제도=개인정보 수집 검색 시스템'이라는
관점에서 실제로 시행된 지문제도의 이용의 사례를 예로 들어 다
루어 보기로 한다.

일본의 지문제도에 대해 조사해 보려고 생각했을 때 우선 경찰관
련 책을 찾아 보았다. 서점 내의 형법이나 형사소송법 책 코너에서
경찰실무서를 찾아보니 범죄감식 항목 중에서 경찰에 있어서의 지
문제도가 해설되어 있는 것을 알았다. 그런 와중에 승임시험용 참
고서인 『도해실무 노트』(경찰시보사, 1974)이라는 책을 발견했다.

이 책의 165페이지에 '지문자료 이용'이라는 항목 속에 '국제 결
혼자의 신원 및 범죄경력을 알기 위해'라고 기술되어 있었다. 이것

페이지
50-57

필자
김영달
(金英達, 1948~2000)

키워드
지문자료, 형법,
형사소송법,
주류군인, 국제결혼

해제자
서정완

은 대체 무엇을 말하는 것인가라고 생각하여 '국제결혼을 생각하는 모임'의 열회(列會)에 물어보기도 했는데, 아는바가 없다고 했다. 그러는 사이 헌책방에서 『수사실무(5) 감식』(경시청 형사부, 1968)이라는 책을 입수했는데, 이곳의 124페이지에 '지문자료의 이용'이라는 항목이 있는데, 그 속에는 '이외에 지문자료는 중략 주류군 관계자등 말하자면 국제결혼에 대해서 신원조사에도 이용되고 있다'라고 적은 부분이 있었다. 겨우 그 의미를 이해했다.

그리고 조금 더 구체적인 자료는 없는가하고 물색하고 있었는데, 『국적을 생각한다』(도이 다카코편, 시사통신사, 1984)이라는 책 속의 긴조 기요코(金城淸子)의 '오키나와로부터의 보고'에 다음과 같은 기술이 있었다.

오키나와에서 일본인 여성과 미국 군인의 결혼에는 복잡한 수속이 필요하다. 혼인서류를 제출하는 것만으로는 끝나지 않는다. 상대가 군인이기 때문이다. 허가를 받기 위해서는 2개월부터 6개월까지도 걸린다. 우선 군인이 소속하는 부대의 인사부에 결혼신청서를 제출한다. 신청서에는 남성 측은 출생증명을 여성 측은 호적등본(번역문 첨부), 이력서(영문), 사진, 지문을 첨부하지 않으면 안된다. 이 신청서에 근거하여 CIC(방첩부대)가 전과 유무나 사상 조사도 하는 듯하다.

따라서 국제결혼자라고 해도 일본에 주류하고 있는 미군 관계자와 결혼하려고 하는 일본인여성을 대상으로 하는 것이었다. 요컨대 여자 스파이를 예방하기 위해 미국 방첩부대가 일본의 경찰 지문자료(특히 그 중에서 공안정보)를 이용한다는 것이었다.

외국인등록법의 중벌주의와 그 운용실태

外国人登録法の重罰主義とその運用実態

이 글은 외국인등록법연구회가 적은 일본 내의 외국인등록법의 특징을 소개한 것이다.

외국인등록법 개정, 특히 지문날인제도 전면폐지를 요구하는 투쟁은 커다란 파도가 되어 법무성으로 하여금 '차기 국회에는 법 개정도 있을 수 있다'고 밝히도록 만들었다. 운동이 이정도로 발전하게 된 것은 우선 첫째로 1980년 9월 형벌을 각오하고 지문을 거부한 한종석 씨를 비롯한 재일외국인의 투쟁이 있었기 때문이다. 그들의 투쟁은 재판투쟁으로서 또는 자치단체의 고발보류 요청활동으로서 전개되어 왔다.

그리고 그들 거부자들의 투쟁에 촉발되어 자치단체 노동자들 중에서도 스스로의 일을 재문(再問)하는 움직임이 나타나고 있는 것은 매우 주목할 만한 일이다.

4월 7일 현재, 전국에서 지문날인을 거부하는 재일외국인은 186명에 달하고, 그 중에서 고발된 것은 22명이다. (경찰에 고발한 자치 단체 수는 18) 고발이 이루어진 시기를 보면 대부분이 1980년부터 82년에 걸쳐서인데, 그 이후는 83년에 5명, 84년에 3명으로, 지문날인제도 전면 폐지를 요구하는 운동이 성행해진 이후의 고발은 거의 전무에 가깝다. 즉, 지문날인거부가 가령 '분명한 법 위법 행위'라고 한다 할지라도 그들 거부자들을 '고발할 수 없다' 혹은 '고

페이지
58-70

필자
외국인등록법연구회
(外国人登録法研究会)

키워드
한종석, 재일외국인,
가와자키시(川崎市),
고발보류

해제자
서정완

119

발을 적극적으로 보류하려고 한다'는 자치단체가 속출하고 있다.

1982년 이후 '외국인 등록법 개정을 요구하는 결의'를 채택한 지방의회가 계속 생겨나고 이미 그 숫자는 756의회(전국 거주인구의 약 8할)에 이르고 있다. 또한 83년 7월 전국 시장모임에서의 결의가 시작되고 올해에 들어서부터는 재일조선인의 다주(多住) 지역인 오사카시, 교토시, 고베시의 전 구장(區長)이 연명하여 법무성에 대해 법개정을 요청하기까지 이르렀다.

그리고 지난 2월 23일, 가나가와현(神奈川県) 가아자키(川崎)의 시장이 '지문날인 거부자를 행정방침으로서 고발하지 않는다'고 표명한 것은 그 정점이었다. 게다가 그 적극적인 태도 표명은 가와사키 시에 머무르는 것이 아니라 지금은 도쿄도 마치다시(町田市), 오사카부 세쓰시(摂津市), 사가현(佐賀県) 오쓰시(大津市) 등의 각 자치단체까지 퍼져나갔다.

외국인등록제도가 실시된 이래 '법위반자'를 자치단체가 적극적으로 고발을 보류하는 일은 과연 지금까지 없었다.

재일외국인을 일상적으로 감시하고 억압하기 위해 기능해 온 외국인등록제도 - 그 등록 사무를 법무성에서 기관으로 위임받고 있는 지방자치단체에서 지금까지처럼 '국가의 법률이니까'라고 안이하게 책임을 회피할 수 없는 상황이 현재 생겨나고 있는 것이다. 즉 지역사회 구성원인 재일외국인의 인권을 지키는가, 그렇지 않은가 - 지방자치단체의 '자치의 주체'가 정면으로 힐문당하는 것이다.

그리고 스스로의 양심에 근거하여 지문날인을 거부한 확신적 위법자를 고발을 보류한다는 것은 그 이외의 과실적 법위반자를 어떻게 할 것인가라는 것에 필연적으로 만나지 않을 수 없다. 즉 지문날인제도라는 표적의 뒤편에 숨겨진 진정한 표적인 '형벌제도'를 동시에 공격해 가는 새로운 국면을 맞이하게 된 것이다.

르포
지금 재일 2세의 어머니들은
[ルポルタージュ] いま在日二世のオモニたちは

위량복은 『계간 삼천리』 편집위원 및 『청구』의 편집위원을 지냈다. 주요 논고로는 「재일 세대에게 있어 지문날인은(在日世代にとって指紋押捺は)」등이 있다. 이 글은 에서 밝히고 있듯이 재일 조선인 2세, 3세로서 아이들을 키우고 있는 어머니들을 인터뷰한 내용을 정리하여 소개하고 있다.

작년 봄부터 가을까지 나는 재일조선인2세, 3세 청년들이 지문 날인거부 문제를 어떻게 받아들이고 있는가, 함께 생각해 보고 싶다고 생각하여 각지를 취재하여 본지 39호에 정리하여 게재했다. 그로부터 1년 지문 날인 문제는 확대되어왔다. 거부자는 이미 2백명을 넘었고 현재 5천명이 넘는 거부예정자가 있다고 한다.

올해 여름부터 외국인등록증 갱신이 대량으로 이루어진다. 나는 '재일'을 사는 여성들이 이 문제를 어떻게 받아들이고 있는지 다시 각지를 다녀보았다. 히가시오사카(東大阪)에 사는 황정순 씨(34세)는 '론후지요시(ロン藤好) 씨의 지문거부를 생각하는 모임'의 멤버이다. 론 씨는 1981년 11월 외국인등록법에 나타난 일본의 대외국인정책 즉 동화정책이 얼마나 비인도적인가를 밝혀내기 위해 지문날일을 거부하고 재판을 통해 싸우고 있다. 황 씨는 왜 이 운동에 관여했는가에 대해 다음과 같이 이야기해 주었다.

황 씨는 여섯 형제로서 본인은 장녀인데 20살 때까지 오사카의

페이지
71-79

필자
위량복(魏良福, 미상)

키워드
외국인등록증 갱신, 거부예정자, 귀화, 본명

해제자
서정완

이쿠노(生野)에서 자랐다. 가난한데도 술만 마시고 싸움이 끊이지 않는 어른들을 보고 인간으로서의 자긍심도 민족성도 가르쳐주는 상황이 아닌 상태에서 자랐기 때문에 '조선인은 왜 이럴지'라는 열등감에 괴로워하면서 고개를 떨구고 살았다고 한다. 그 후 소학교 시절의 동급생이 본명으로 조선인으로서 살려고 하는 모습을 알고 충격을 받았다. 그 후 그 친구의 권유도 있었고 황 씨는 재일조선인 역사를 배우고 민족의식에 눈뜨게 되고 고교 졸업증서에는 본명으로 써 넣었다. 또한 주민센터에 가서 외국인등록증명서의 성명란에 적혀있던 통명도 삭제했다.

황 씨는 동화의 본질을 보려고 하지 않고 귀화의 길을 선택해 간 형제들에게 초조함을 느끼면서도 재일조선인이 놓인 환경이 동화를 강요하고 부모와의 유대감도 끊는 비인간적인 상황으로 몰아가는 현상에 강한 분노를 느꼈다.

황 씨는 4명의 아이를 키우면서 2년전에는 전기공사 훈련학교에도 다녀 남편과 함께 일하고 있다. 여성은 아이를 키우고 또 일을 한다는 일상 레벨에서 사는 법을 생각하지 않으면 안 된다고 그녀는 말한다. 또한 본명을 사용하고 지역사회에서 살기 위한 기본적 자세라며 어린이들을 본명을 쓰며 키우고 있다. '일본사회에서 본명을 사용하기 어려운 점은 있지만, 자기 자신의 문제로서 그것을 내파할수 있는 저항 자세를 가졌으면 한다'고 말하는 그녀인데, 신학기부터 어린이들을 민족학교에 전학시킨다고 한다.

그것은 과외수업으로서 민족교육을 받을 수 없는 현재의 일본학교에서는 민족적인 자긍심이나 자각을 키우는 것이 어렵기 때문이라고 생각하기 때문이다. 그래도 그녀는 재일조선인의 미래는 밝다고 확신하고 있었다.

지문제도를 둘러싸고
해방의 이미지
指紋制度をめぐって: 解放のイメージ

한기덕은 재일동포 3세이고 최근 경력은 한국상공회의소 아이치(愛知) 사무소에서 일했음. 현재 EAC 말마당 운영. 한일 간 역사문화를 이해하는 데 바탕을 둔 한국어교육을 추구한다. 이글은 지문날인 문제를 둘러싼 문제를 제도와 일상의 측면에서 분석하여 해결방안을 제시한다.

올해 2월, 자네와 6년만의 재회를 이루었을 때 나누었던 짧은 대화를 생각하면서 지금 책상 앞에 앉아있다. 자네가 역시 그렇게 생각하고 있듯이 올해 지문거부 투쟁에서 결정적으로 중요한 해이다. 자네는 이것을 집회 때에 이렇게 표현했다.

현재 세간에서는 '일회날인안'이라든 등 '협정영구권자에 한한다'라는 등의 매우 불쾌한 타협안으로 소란을 피우고 있다. 서울의 높은 분이 뭐라고 하든 평양의 권력자가 뭐라고 하든, 우리들은 단호하게 투쟁한다는 결의를 보여주지 않으면 안 된다'고 했다.

열기 넘치는 집회에 압도당하면서 나는 심중으로 '맞다, 맞다'라고 외치고 있었다. 그렇지만, 역으로 지문날인 거부 투쟁이 고양되면서 불안감도 생긴 것이 나의 솔직한 마음이다. 그것은 대체적으로 두 가지 이유에서 이다. 하나는 지문날인거부 투쟁의 획득 목표가 즉물적(卽物的)으로 즉 제도철폐라는 점에 집중한 나머지 제도의 본질이 무엇인가에 대해 사회적, 사상적으로 총괄하는 것이 소

페이지
88-90

필자
한기덕(韓基德, 미상)

키워드
협정영구권자, 제도철폐, 권익문제, 협정영주권자, 동포 내부

해제자
서정완

홀해지고 있다는 객관적 정황이 있다는 점이다.

우리들이 지문날인제도에 반대하는 것은 신문보도에서 일반적으로 표현되는 듯한 '범죄자 다루듯 하는 것은 싫다'라는 굴욕감에 의한 것일까. 혹은 '일본에서 태어나 계속 살 예정이기 때문에 일본인과 동등한 대우를 해 달라'라는 이유에서일까.

물론 이러한 주장이 잘못되었다고 주장을 철회하려는 것은 아니다. 다만, 나는 이러한 주장으로는 제도의 부당성을 지탄하는 것이 불가능하다고 생각한다.

그리고 또 하나의 이유는 지문문제를 포함해 재일조선인의 권익문제가 초미의 과제가 된 나머지 조국에 대해 무관심하게 되거나 조국과 관계가 끊긴 재일조선인 상을 만들어버릴 위험성을 느끼는 것이 그것이다. 나는 이러한 불안감 속에서 지금 진정으로 물어야 하는 것은 우리들 2세, 3세 세대가 우리들의 해방 이미지를 진지하게 검토해가는 와중에 창조해 가야 하는 것이라고 생각하고 있다. 그리고 지문날인거부 투쟁도 우리들의 해방 이미지에 뒷받침 된 것이지 아니면 안된다고 생각한다.

우리들은 분단된 조국을 가짐과 동시에 민족적 배외·동화주의를 관철한 일본사회에서 생활한다는 이중의 고난에 처해있는 존재이다. 우리들의 해방 이미지는 당연히 이 이중고를 극복하는 의지에서 생겨난다. 조국의 분단 상황이 남북 민중에게 불필요한 대립과 소모를 부과함과 동시에 재일조선인 사회에도 깊은 균열을 만들어내고 있다는 것은 주지하는 바이다. 지문날인 문제에서 '협정 영주권자에 한한다'라고 하는 것 같은 말 그대로 불쾌하기 짝이 없는 타협안이 실은 우리 동포 내부에서 제시되었었다는 것은 불행이 아닐 수 없다. 그리고 그것은 우리들에게 금후 20주년을 맞이한 한일조약체제가 재일조선인에 있어서는 무엇이었는가 엄중하게 총괄할 것을 요구하고 있는 것이다.

한일조약 체제는 한국을 조선반도에서 유일한 합법정부로 인정한다는 논리아래 남북분단을 고정화하는 것임과 동시에 그것을 악용하여 동일한 역사적 배경을 가진 재일조선인에 대해서도 그 조국관, 사상성을 '시험하여' 협정영주권을 무기로 분단을 강요하는 것이다. 이 타협안이 그러한 분단 책동을 시인하고 강화하는 것이기 때문에 우리들에게 있어서는 불쾌한 것 이상으로 용서할 수 없는 성질을 갖고 있는 것이다. 우리들의 해방 이미지에 필요한 것은 첫째 분단을 극복하는 민족관을 정립하고 만족적 유대(紐帶)를 강화하는 것이며, 그것에 있어서 조국민중과 재일조선인이 현해탄을 넘는 연대를 맺는 것이라고 생각한다.

16살이 되던 날
十六歳の日に

이 글은, 조연순 필자 자신이 겪은 지문날인에 대한 경험을 적은 것으로, 이후 일본 사회에서 자신과 동일한 경험을 하지 않도록 하는 방안을 호소하고 있다.

외국인등록증 그것은 필경 재일외국인이 일본사회를 바라보는 창일 것이다. 작은 창으로 밖을 내다보면 아주 얇은 수첩(외국인등록증)에 적힌 말 뒤편에 있는 진짜 의도가 그리고 창 중간을 들여다보면 자신의 신분이 보인다. 위험한 절벽을 걷고 있는 자신의 모습이 보인다.

내가 처음으로 이 수첩의 존재를 알게 된 것은 15년 전의 일이다. 아버지와 함께 주민센터의 건물에 들어간 봄날의 하루를 나는 지금도 또렷하게 기억한다. 소학교 복도처럼 왁스칠을 한 판자로 된 복도를 나는 아버지의 등을 보면서 긴장하여 걸었다. 뭔가 중대한 수속을 밟는다는 의식이 있었을 뿐, 그것이 어떤 의미를 갖는 것인지 14살의 나는 알 길이 없었다.

아버지가 한 통의 서류 기입을 마치자 나를 불렀다. 주민센터 직원에게 나는 손가락을 잡혀 손가락에 검은 잉크를 묻히고 내 손가락은 강한 힘에 의해 종이 위를 눌렀다. 전날 일요일에 오랜만에 카메라를 잡은 아버지가 촬영한 사진 아래에 검은 등고선이 떠올랐다. 이유도 모른 채 나는 묘한 기분이 들었고 화가 났다. 그리고

페이지
90-91

필자
조연순
(チョヨンスン, 미상)

키워드
외국인등록증,
재일조선인,
부정 심리, 재일 3세

해제자
서정완

126

아, 처음으로 부정적인 마음으로 자신 속에 재일조선인이라는 것을 받아들였다.

나는 조선을 좋아했다. 집에는 아버지의 손에 이끌려 일본에 건너 온 치마저고리가 어울리는 할머니가 있었고, 아버지는 조선이 왜 남과 북으로 나뉘었는가를 설명했고 조선인으로서의 자각과 긍지를 가지라고 항상 우리 형제들에게 이야기했다. 그리고 어머니는 김치를 담그고 마늘이 들어간 요리를 식탁에 내놓았다. 아무리 학교에서 조선인이라고 가책을 받아도 나는 할머니가 좋았고 아버지가 말하는 조선도 어머니가 만드는 요리도 나에게는 자랑스러웠다.

그때 나는 조선에 대한 그런 무구한 신뢰감에 검은 점을 떨어뜨린 것 같은 마음이었다. 처음으로 경험한 아픔이었다. 그러나 그 고통은 무엇인가, 아는 그때부터 알려고 했었는지도 모른다. 국가나 민족이라는 비일상적인 것이 그 이후 등록증명서를 갱신할 때마다 내 마음 속에서 무게감을 갖는 말로 변해가고 있었다. 일본 땅에서 차별이라는 아픔을 경험할 때마다 14살의 봄, 처음으로 느낀 불안과 분노가 생각나는 것이다.

이번 봄 나는 30살을 맞이하려고 한다. 딸은 3살이고 아들은 1살하고 반 개월이 된다. 그들은 일본의 공기를 마시며 표면적으로는 주위 일본 아이들과 다름없는 생활을 보내고 있다, 그들은 재일 3세이다. 양친으로부터 전해들은 조선을 얼마만큼 그들에게 전달할 수 있을까, 우리들 부부에게는 자신이 없다. 가령 내가 서툰 발음으로 하나, 둘을 가르쳐도 생활에 뿌리를 내리지 못하는 말은 그들 머릿속에서는 사라지고 구체성이 없는 기호가 되어버리는 허무감을 느낀다. 마늘 냄새가 나지 않는 자신을 애석하게도 생각한다. 그러나 유일하게 우리들이 그들에게 해 줄 수 있는 것은 우리들이 맛본 고통을 다시 그들이 경험하게지 않도록 노력하는 것이라고 생각한다. 그들이 16세를 맞이할 때 그들 마음 속에 조선과 그들 자신에게 오점을 남기게 해서는 안된다. 그것이 우리들의 책임일 것이다.

지문제도를 둘러싸고
거부운동이 목표로 하는 것
指紋制度をめぐって: 拒否運動のめざすもの

강박은 재일한국인으로 헤이트 스피치 등에 대한 비판적 입장을 발표하기도 했다. 이 글은, 지문날인 거부 문제가 낳은 일본사회, 그리고 재일 당사자들 사이의 문제에 대해 적고 있다.

지문날인을 거부하는 것은 과연 무엇을 위해서이며, 무엇을 목표로 하고 있는 걸일까. 지문 날인 거부 투쟁이 퍼져나가면 퍼져나갈수록, 커다란 그룹(민족단체 등)에 의해 추진될 정도에 이르러, 지문날인 거부 투쟁은 무엇을 목표로 하고 있는가라는 목소리가 들려온다. 거부자가 20명 정도였던 당초와는 달리 180명을 넘게 된 현재 지문거부 움직임이 동포들에게 알려지지 않았던 당시에 비하면 현재 상황은 격세지감을 느끼게 한다.

재일동포에게 있어 일본사회, 일본인에게 말해야 하는 것, 행동하게 만들어야 하는 것은 지문 날인 문제 이외에도 아직 많은 일들이 있다. 그러나 동포 내부에서 문제 삼아야 하는 것은 더욱 더 '많이' 남아있다.

내가 이전에 본지 20호에 「자신을 『청산』한다는 것」이라는 글을 쓴 적이 있다. 당시 나는 동포 집단으로부터 격리된 사회에서 자라고 동포 모습들을 부정적으로 보고 있었다. 그러한 자신이 가와사키라는 장소를 부여받고 180도 자신의 입장을 바꾸어 세상을 볼 필요성을 느끼고 그 것에 즐거움과 의의까지도 볼 수 있었다. 본명

페이지
91-93

필자
강박(姜博, 미상)

키워드
지문날인 거부,
동포 내부,
민족공동체,
인간성 회복

해제자
서정완

을 사용하고 한국(조선)인이라는 것을 그대로 노출하며 살게 되었다. 그리고 동포에게는 민족 공동체를 확보하는 것과 스스로에게는 자신의 장래를 결정하기 위한 의식변혁(그것은 '패배주의 극복이라는 표현이나 민족 차별과 싸우는 것에 의해' 라고 설명해 왔다)이 필요하다고 확신하고 있다.

그로부터 5년이 지나고 나는 태어난 고향 오카야마(岡山)에 돌아왔다. 내가 어렸을 때 부정적으로밖에 보이지 않았던 동포 밀집지였던 미즈시마도 몇 번인가 지문재판 선전지를 들고 가보았다. 이전에 동포가 다수 거주하고 활기에 넘치고 시끌했던 미즈시마에서 만나는 것은 노인과 아이들뿐이었다. 내 기억에 남아 있던 '조선부락'은 소멸한 듯 했다. 적어도 내가 그리고 있던 방향에 동포사회가 향하고 있지 않다는 것은 확실하게 알고 있었다.

1982년을 경계로 '제도적' 국적 조항의 대부분 떨어져나가 한국 조선적을 가진 사람으로서 일본인과의 차이는 아이러니컬하게도 더욱 명확하게 국적에 의해 구별되게 되었다.

그럼 우리들은 지문을 찍는 것이 싫다고 하여 지금 외국인 등록법 국적 조항을 철폐해 달라고 하고 있는 것일까. 분명히 외국인등록법 그 자체를 철폐해라라는 의견도 있다. 그것은 현실적이지 않을 뿐만 아니라 그것을 주장하는 사람이 어떤 입장에서 발언하고 무엇을 현재 실행하면서 무엇을 목표로 주장하고 있는가, 나에게는 알 수가 없다.

왜냐하면 나는 지문날인 거부 투쟁은 철폐운동이 아니라 창조운동이라고 생각하기 때문이다. 지문제도를 철폐하기 위한 직접적인 힘은 아직도 일본인 사회에 있다.

한편 동포사회는 그리고 동포 자신은 지문날인 문제를 목소리 높여 외치면서 생활점에 있어서 동포 내부의 과제(민족공동체와 자립한 주체적인 민족성 확립)에 임하는 자세가 아직 약하다. 이것으로 지역사회에 있어서 대등한 관계에서 일본인과 공존/공생 할 수 있을까.

　지문을 거부하면 자신을 새로 묻지 않으면 안 되고 자신이 나아가야 할 길을 정하는 노력을 게을리 해서는 안 된다. 그것은 조선인으로서 본명을 산다는 지금까지의 주장해 온 조선인 자신의 주체적인 인간성 회복 투쟁의 연장선상에 있다. 그리고 이것은 지문을 찍는 현상이나 수속의 문제(이것도 지문 제도의 형성과정과 운용의 측면에서 보면 큰 문제)로서가 아니라 자신이 살고 있는 지역이나 인간관계 속에서 구체적인 행동을 개시하는 것이다.

지문제도를 둘러싸고
식민지의 어린이
指紋制度をめぐって:植民地の子

고이삼은 도쿄도(東京都) 기타구(北区) 출신의 재일 2세이다. 부모님은 한국 제주도 출신이었다. 고이삼은 대학 졸업 후 『계간 삼천리』편집부에서 일했고 출판사를 세운다. 출판활동을 통해 재일한국조선인을 둘러싼 문제 – 제주도 4·3 사건에 대한 진상 규명 등을 위한 활동을 전개해 왔다. 1987년 신간사(新幹社)를 창업했었다. 이 글은, '식민지 어린이'가 의미하는 말을 단순히 일본제국주의 시기에 한정하는 것이 아니라 현재 일본의 모습이라고도 보고 그 의미를 적고 있다.

작년 12월, 영화 '지문날인거부'를 처음 상영한 날 사회를 맡고 있던 B군이 한쪽 손을 보여주었다. 용의주도한 B군은 그 날 발언하는 사람들의 소개문을 그곳에 적어두었던 것이다. 그 날 발언하는 가와자키(川崎)의 지문날인거부자 중에는 고교생을 포함해 젊은 청년들이 있었다. 메모에는 '식민지의 어린이들은 일찍이 어른이 되었고 (후략)'라고 적혀있었다. 그러나 B군은 그 장소에서 그것을 말하는 것을 그만두었다. 450여명 정도 모인 사람들 중에 7할에서 8할은 일본이었기 때문에 B군의 '정치판단'이었던 것일까, 혹은 단순하게 말할 타이밍을 놓쳤던 것일까, 나는 알지 못한다.

나도 '식민지의 어린이' 라는 말을 왜 알고 있는지는 모르지만 알고 있다. 일본의 식민지 지배기, 조선에 갔던 일본 문화인이 말한

페이지
93-94

필자
고이삼(高二三, 1951~)

키워드
가와자키(川崎),
지문날인거부자,
'식민지의 어린이',
조선총독부, 해방

해제자
서정완

말인데, 그것과 조선총독부의 무슨 보고서 속에 그런 뉘앙스로 들어가 있었던 것인가, 확실하게는 기억하지 못한다.

그러나 묘하게 자극적이어서 기억에서 사라지지 않고 있었다. 일본인의 조선인에 대해 공포심, 적개심을 잘 표현하고 있는 말이다. 지금은 우리들 '재일'하는 조선인의 존재가 일본의 조선에 대한 식민지배의 유일한 물리적 증거가 되어 버렸다고 나는 생각한다. 그렇기 때문에 나는 B군이 보여 준 '식민지의 어린이는'이라는 메시지를 접했을 때 보통 때는 잠자고 있던 식민지에 대한 감각이 되살아난 것처럼 마음속에서 그에게 동감하지 않을 수 없었다. 실제로 일본인의 옆에서 숨을 쉬고 있는 재일조선인이 어떻게 살고 있는가를 상기해 주길 바란다. 본명을 사용하고 있기를 한가, 모국어를 말할 수 있는가. 일본에 살고 있는 우리들은 재일조선인의 대부분은 '창씨개명'도 '조선어 말살정책'으로부터도 아직 해방되고 있지 않다. 무엇보다도 식민지시대에 떠난 고향에 돌아갈 수도 없는 존재가 우리들인 것이다. 그렇지만 우리들은 자신들의 일을 지금도 '식민지의 어린이'라고 부르고 싶다.

이전 식민지지배기 쓴맛을 맛 본 것은 과연 우리 조선인들뿐이었을까. 그렇지 않다고 생각한다. 지배자였던 일본인들에게는 어떤 시대였을까. 그리고 그 결말이 어떻게 되었는가 잊은 것은 아닐 것이다. 그러니 그곳에는 지나가버린 과거의 사건으로서가 아니라 현재도 아직 국내의 '식민지의 어린이'를 갖고 있으며, 사회체질을 바꾸지 않고 있다는 시점이 중요하다. 그런 의미에서 말하면 '위험'에 노출되어 있는 것은 일본인도 마찬가지이며, 매일 매일의 '평화로운 생활에' 환상을 가져서는 안된다고 생각한다.

이런 이유로 나는 조선인이 차별받고 억압받고 있어 불쌍하다고 생각하는 동장해 주는 일본인을 거부하고 싶다. 스스로의 당사자성을 '선반위에 올려놓는 그들의 논리'가 의외로 지금의 일본사회의 체질을 지탱하는 것이라고 생각한다. 자기 자신이 관리, 억압되

고 싶지 않기 때문에 그러한 솔직한 위기의식을 갖고 있기 때문에
외국인등록법 문제가 자신들에게는 직접적으로 관계없는 것이라
고 말을 못할 것이라고 생각한다.

올해는 조선이 일본으로부터 해방된 지 40년 그리고 한일조약이
체결된 지 20년째를 맞이하는 해이다. 그러한 해에 지문날인을 강
요하는 등록증의 대량 갱신이 이루어진다. 뭔가 상징적이지 않은
가. 어쩔 수 없이 식민지의 어린이는 일찍이 어른이 되지 않을 수
없다. 그러나 오랜 세월이 경과하는 와중에 식민지의 어린이는 튼
실해졌고 언제까지나 수동적이지 않게 되었다는 것을 알고 있다.
그리고 우리들 식민지의 어린이의 투쟁에 자신들만 고립되어 있지
않다는 것을 알고 있다.

지문제도를 둘러싸고
끈기 있고 유연하게
[指紋制度をめぐって] ねばり強くしなやかに

이상호는 후쿠오카시(福岡市) 재주의 재일 2.5세이다. 한국적을 갖고 있다. 메이지(明治)대학을 졸업했다. 가와사키(川崎)의 재일 한국조선인 교육을 전재하는 모임의 공동대표, 가나가와민투련 초대 공동대표를 역임했다. 주요 저서로는『지문날인거부자에의 협박장을 읽는다』등이 있다. 이 글은, 가와사키 시에서 발표한 '지문날인 거부자'를 고소하지 않는다는 내용을 대해 소개하고 있다.

1985년 2월 23일 가와사키시(川崎市) 이토 사부로(伊藤三郎) 시장이 전국에서 가장 먼저 지문날인 거부자에 대해 '고발하지 않겠다'는 방침을 밝혔다. 그 이유로서는 인도상의 입장과 국가의 법 개정 움직임 두 가지를 들었다. 그러나 거부자인 나에 대해서는 경찰로부터의 시효를 이유로 한 강제적인 수사에 의해 수사조회 (등록증에 기재된 20개 항목의 회답에 그쳤다고는 하는데, 상세한 것을 시 당국은 밝히고 있지 않다)에는 응하지 않을 수 없었다.

경찰과의 관련성 속에서 거부자 자신을 충분히 지켜낼 수 없다는 상황이 새로운 문제로서 부상한 것은 부정할 수 없는 일인데, 그렇다고 하더라도 시에서 '고발하지 않겠다'고 하는 방침 결정은 사회적으로는 커다란 파문을 던진 것이라고 말 할 수 있을 것이다. 3월 7일 시의회에서 시장 답변시 이도 시장은 다음과 같이 발언했다.

페이지
97-98

필자
이상호(李相鎬, 1956~)

키워드
이토 사부로(伊藤三郎),
인도적 입장, 교육위원회,
시민계발

해제자
서정완

'본 년도에 이르러서는 16세의 소녀까지가 이 지문날인 제도 개선을 요구하고 있다. 가와사키에 재주(在住)하는 조선·한국인 여러분, 전전·전중·전후에 걸쳐 많은 고통을 겪으셨음에도 가와사키 시민으로서 일하고 생활해 오셨으며, 가와사키에서 태어나고 자란 2세, 3세가 점차 늘어나고 있다. 이러한 시민 여러분이 범죄자와 같이 지문을 채취 당한다. 중략 나는 법도 법칙도 인간애를 초월한 것이 아니라는 판단에 서 있다. 이번 조치는 인도적 입장에서 출발한 것이다'.

시장이 이러한 답변을 시행한 배경에는 무엇이 있었던 것일까. 물론 경찰의 대응에 압박을 받은 부분도 있겠지만, 재일조선인문제에 관한 인식이 깊어졌다는 점도 존재한다. 가와사키 시에서는 10년 이내에 민족차별에 의한 행정차별 철폐에 대한 조치나 행정시책 요구운동의 고양이 있는데, 그것들의 축적이 시나 시장의 자세에 크게 반영된 것이다.

지문날인 문제뿐만 아니라 교육면에서도 올해부터 재일조선인 교육기본방침(시안)이 가와사키시 교육위원회로부터 제시되는 등 기타 시민계발 면에서도 다기에 걸친 대응이 시작되고 있다. 이러한 상황에서 잉태된 배경에는 역시 착실한 움직임의 축적이 있었던 것이다. 그 중에서 행정 그 자체도 조금씩 인식을 변화해 온 과정이 있었다.

'개인의 주체'를 서로 존중하자
[指紋制度をめぐって] '個としての主体'を尊重しあう

박일은 효고현(兵庫県) 아마가사키시(尼崎市)에서 태어난 재일한국인 3세이며 경제학자이다. 2001년 오사카시립(大阪市立)대학 대학원 경제학연구과 교수로 취임했고, 재일코리안이나 조일관계에 관한 다수의 저서를 집필했다. 라디오나 TV프로그램에 출연하기도 했다. 2012년 한국정부로부터 국무총리표창상을 받았고, 저서로는 『월경하는 재일코리안(越境する在日コリアン)』(2014)가 있다. 이 글은, 지문 날인 거부 운동을 보면서 일본 내에 전개된 재일코리안의 운동이 갖는 내적 특징 변화를 적고 있다.

최근 서성숙(徐聖淑) 씨의 「지문날인 거부 운동이 획득하는 것은」(『예정자신문』제2호)라는 문장을 읽고, 지문날인 거부 운동에 참여하는 한 사람으로서 꽤 많은 것을 생각하게 되었다. 서 씨는 기존의 재일의 민족운동과 지문날인거부 운동 사이에 커다란 상이점이 있다고 말했다. 전자자 끊임없이 민족단체 지령 아래에서 조직적으로 전개되어 온 위로부터의 운동이었던 것에 대해 후자(지문 날인 거부 운동)은, '개인이 각각 자발적인 의사에 의해' 개별적으로 발생해 온 아래로부터의 운동이었다.

그렇다면 왜 지문 거부 운동은 개별적으로 발생하지 않을 수 없었던 것일까. 서 씨는 그 근거로서 기존의 민족조직을 모체로 한 재일민족운동이 '민족'이라는 공동 이해에서 파생된 여러 가지 문

페이지
99-100

필자
박일(朴一, 1956~)

키워드
지문날인 거부 운동,
민족단체, 개별적,
공생

해제자
서정완

제에 대한 대응이었고 그러한 의미에서 '민족'에 의거한 운동이었다는 것에 대해 지문날인거부운동은 재일동포뿐 만 아니라 지문제도가 갖는 부당성을 인식하는 이 세상사람 모두에게 묻는 보편적인 과제였기 때문에 '민족'의 개체로서는 물론이지만, 한 사람의 자립 시민, 개인에게 들이댄 문제였다고 지적한다.

분명히 1980년대에 들어서 부터의 지문날인 거부운동을 되돌아보면 기존의 재일민족단체가 지문제도에 대해 계속 침묵해 오던 중에 80년 9월, 한종석 씨가 고립무원의 상황 아래에서 투쟁을 시작한 이래 재일동포 중에서 한 사람, 또 한 사람 등 많은 거부자(拒否者)가 탄생되었다. 즉 이 사이의 지문날인거부운동은 결코 재일의 기존의 민족단체에의 헤게모니 아래에서 전개된 것이 아니라, 말 그대로 재일동포 개개인의 자발적인 의사에 의해 이어져온 것이라고 말해도 과언이 아니다.

그러나 올해에 들어서 지문날인 거부운동은 커다란 전환기를 맞이하고 있다. 그것은 말할 것도 없이 올 1985년이라는 해가 '외국인등록증' 대량 갱신(약37만명)에 해당하고 지문날인 폐지를 요구하는 결정적 고비를 맞이하기 때문에 지금까지 침묵을 지켜오던 재일민족단체가 둑(堰)이 무너지듯이 대응하기 시작했기 때문이다.

종래처럼 개인의 자발적인 의사에 근거를 둔 지문날인의 부당성을 세상에 물었던 거부자와 지원그룹 등에 의한 개별 레벨에서의 운동형태는 재일 사회에 외국인등록법, 지문제도의 의미를 재문하고 그것을 운동화 하는 계기를 만들었다는 의미에서 중요한 역할을 담당해 왔다.

그러나 그것은 일본정부의 완고한 이민족 배외주의적 자세를 개선하고 지문날인제도 자체를 완전히 폐시키는 운동역량을 동반하는데 까지는 이르지 못했다. 그러한 의미에서 작금의 민단이나 재일대한기독교협회를 비롯한 재일민족단체가 지문제도에의 대응에 쫓기며 그것에 대한 운동을 조직화해 가려고 하는 것은 '지문날인

제도의 철폐'라는 현실적 과제를 금후 정치적으로 쟁취하기위해서는 바람직한 것이라고 생각한다.

그러나 모든 운동에는 포지티브(positive) 측면과 네가티브(negative) 측면이 있듯이 지문날인 거부운동이 개인적 레벨이 아니라 조직적 레벨로 전개될 경우 그곳에는 커다란 위험 요소도 내포하게 된다는 말하지 않을 수 없다.

당연한 것이지만, 개체(個體)로서의 삶의 방식이 전혀 다르기 때문에 거부자에 의해 지문을 거부라는 동기나 이유도 여러 가지이다. 또한 정치적 입장을 달리하는 단체민족단체가 상호간에 대립하는 '주의, 주장'을 갖는 것도 당연하다. 이러한 거부자, 단체가 한 군데에 모여 지문날인 폐지를 향해 공동보조를 맞추기 위해서는 종래와 같이 '개(個)는 민족의 일원'이라고 하는 일체감을 내세우는 조직운동으로는 안된다는 것이다. 제(諸) 개인, 제(諸) 단체가 상호간에 '개인으로서의 주체'를 서로 존중하는 '공생감'에 뿌리를 둔 '서로 다가가기'가 중요한 것이 아닐까 싶다.

지문제도를 둘러싸고
국적
[指紋制度をめぐって] 国籍

 이 글은, 일본에서 겪는 지문날인 거부 운동과 직접 거부한 경험에 대해 적고 있다.

 '나는 왜 이 세상에 태어났는가, 나는 누구인가'라고 자문(自問)해 보지 않은 사람이 이 세상에 있을까. 그러나 문제가 너무 커서 고민하다가 주변 사람이나 가족 혹은 친구에게 물어본다. 그리고 자신과 마찬가지로 호흡하고 생활하고 있는 사람이 있다는 것을 알고 우선은 안심한다.
 자신의 생명과 마찬가지로 시대, 출신지, 성별, 환경도 본인의 의사와는 전혀 관계가 없는 것들이다. '일본인이 왜 일본인가'라는 것도 예외가 아니며, 스스로 이 국가를 선택한 것도 아니다. 그리고 아무런 의문도 없이 일본국적을 갖고 있다.
 그런데 동일하게 일본에서 태어나 자랐어도 '외국인'의 경우도 있다. 또한 혈통적으로는 순수하게 일본인인데 무국적자로 취급되거나 외국인으로 다루어지기도 하는 경우도 있다. 그리고 입학, 취직, 결혼, 참정, 보험, 연금, 거주 등등 여러 가지 차별을 법률에서도 사회 내부에서도 받고 있다.
 뿐만 아니라 지문날인 굴욕을 맛보고, 상시 휴대 의무 위반에 대한 중벌, 강제 추방이라는 그림자에 떨고 있다. 이러한 차별에 대해 '내가 어떤 죄를 지었다는 것인가'라고 자문자답하지 않을 수

페이지
100-102

필자
이양수(李洋秀, 미상)

키워드
'외국인', 법률,
『인권백서』, 국적

해제자
서정완

없다.

일본은 세계적인 인권보장의 움직임에 등을 돌리고 국제연합에서 선택된 인권 관련 18개 조약 중 16개를 비준하고 있지 않으며 1981년 국제연합인권위원회에서도 비준이 집중했다. 미국 국무성도, 올 2월에 정리한 『인권백서』에서 '일본은 타민족에 폐쇄적으로 재일조선인에 대한 편견은 조금도 개선되고 있지 않고 있으며, 여성차별도 계속되고 있다'고 지적하고 있다.

토지를 빼앗기고 불과 5살 나이에 도일한 나의 아버지는 고용인 생활부터 시작해 고서업(古書業)을 해 왔다. 전혀 모국어를 이해하지 못하지만 문학을 좋아했다. 일본어는 일본인 이상으로 능숙했다. 어머니는 그런 아버지는 단가 짓기 모임에서 만나 1950년에 결혼했다. '세계인권선언' 제15조에서는 '어떤 사람도 원하는 대로 그 국적을 빼앗기거나 그 국적 변경할 수 있는 권리를 부인(否認) 당할 일은 없다'고 말하고 있는데, 일본은 1952년 4월 28일 그것을 짓밟았고 구식민지출신자와 그 가족의 일본국적을 일방적으로 박탈했다. 그리고 그때 일본인 어머니도 나도, 아버지와 함께 국적을 잃게 되었다. 동시에 외국인등록이 의무화되었고, 그 국적란은 어디에도 없는 나라 '조선'이 되었다. 그것도 언제부터인가 제3자에 의해 비밀리에 '한국'으로 변경되었다.

법률은 누구를 위해 누가 만들었는가. 법률만이 홀로 유지되고 모두가 등을 돌려도 결국 나에게 불똥이 튄다. 국가도 사실은 인간이 만든 것이다. 국적이나 혈통, 성별, 민족이나 출신, 사상이나 종교가 차별의 도구로 이용되어서는 안된다. 나는 일본의 동화정책에 가담하거나 정부에 일본국적을 달라고 보채는 게 아니다. 일본계 미국인이나 조선계 중국인, 소련인, 미국인은 세계적으로 활약하고 있는데 왜 조선계 일본인이나 일본계 조선인만 인정받지 못하는 것일까.

나는 올해 2월 9일 후나바시시(船橋市) 창구에서 전국에서 137

번째로 지문날인을 거부했다. 많은 동포들과 함께 변호가, 자치노
동자, 교직원, 매스컴 등 다수의 일본인이 동석해 주어 성황스럽게
진행되었다. 인권문제로서 외국인등록법에 반대하는 투쟁이 오늘
날 클로즈 업 되고 있는 것은 실로 새로운 시대의 숨결을 느끼게
해준다.

「재일」의 현재와 미래 사이에서
「在日」の現在と未来の間

강상중은 구마모토현(熊本縣) 출신이다. 재일한국인 2세로 도쿄(東京)대학 교수를 역임했다. 2018년 4월부터는 나가사키현(長崎縣) 학교법인 친제이가쿠인(鎭西學院)학원의 이사에 취임했다. 전공은 정치학 그리고 정치사상사이다. 특히 아시아지역주의론이나 일본의 제국주의를 대상으로 한 포스트콜로니얼 이론을 연구해왔다. 재일한국인이라는 입장을 에드워드 사이드가 말하는 주변인 혹은 망명자로 간주하고 일본과 한국이라는 두 개의 국가를 '조국'이라고 보는 존재로서 일본사회가 취해 온 조선인, 조선역사, 조선관에 대해 비판을 가해왔다. 전후 일본이 갖는 조선사관(朝鮮史觀)에 대해서 마루야마 마사오(丸山眞男)가 말하는 '회한 공동체'를 거쳐 경제부흥, 고도경제 성장을 배경으로 일본특수론 등이 등장하는 시대 상황 속에서 서구와 동일화와 차이화를 만드는 프로세스로서 동일하게 전전과 마찬가지의 논리를 '재발견'하는 것이라고 보고 전후 일본 사회를 비판적으로 다룬다. 이 글도 전후 일본에서 나타난 외국인등록법과 지문날인 문제를 정주화 연상과 연결하여 살펴보고, 재일의 새로운 길 찾기에 대해 논한다.

'한일신시대'가 사람들 입에서 오르내리고 항간에는 '한국 붐'이 일고 있는 듯하다. '가깝고도 먼 나라'가 조금이라도 '가깝고 가까운 나라'로 변해 가고 있는 듯한 인상을 받는 것은 사실이다. 그러

페이지
118-125

필자
강상중(姜尙中, 1950~)

키워드
한일신시대,
외국인등록법,
'공권력 행사',
재일

해제자
서정완

142

나 이러한 '붐'이라는 표면적인 상황과는 별개로 아직도 변하지 않는 강경 노선이 일본정부의 저의(底意)인 듯하다. 외국인등록법 특히 지문날인문제와 관련하여 강압적인 자세와 회유책, 그리고 나가노현(長野県)에서 양홍자 씨의 소학교 교원채용 내정 취소에 나타난 문부성의 표출적 내셔널리즘, 이러한 일련의 움직임을 보면 '한일신시대'라는 문구는 허무하게 들린다.

원래 출입국관리체제의 일환인 외국인등록법 목적과 기능이 구특고(舊特高)관계자의 치안대책적인 발상과 연결되어 있다는 것을 생각한다면 정부의 강경 자세에 납득이 간다. 그것에 학교교육은 '공권력 행사', '국가 의사 형성'에 관계하는 문부성 측의 법리해석도 메이지이래의 '국사'적 역사관이 뿌리 깊게 잔존하고 있는 전후 교육의 실태를 보면 예상된 것이라고 말할 수 있기도 하다. 이 점에서 우리들은 달콤한 환상은 금물이다.

그런데 현재 재일 사회에서 최대의 현안은 지문날인 거부 운동으로 고조되고 있는 인권, 시민권 획득 투쟁인데, 그것은 지금까지의 재일의 역사에서 볼 수 없었던 새로운 눈(芽)이 자라고 있는 듯이 여겨진다. 그것은 기성의 민족단체로부터 거리를 둔 개개인의 '재일' 조선인이 '재일'을 어떻게 살 것인가를 진지하게 생각하고 자신의 의사와 책임을 갖고 행동을 일으키고 있다는 점에 있다. 1980년대에 들어서 최초에 지문날인거부를 감행한 한종석 씨가 고립무원의 투쟁을 개시한 것 등은 그 상징적인 사건이다. 거부운동이 개개인의 양심과 존엄을 건 투쟁인 이상 거부자의 동기나 사상, 신조도 개개인에 따라 각각이고 하나의 틀 속에 묶어버리는 것은 불가능하다.

그러나 객관적으로 본다면 그곳에는 재일의 세대구성의 추이가 영향을 주고 있는 것은 부정할 수 없다. 조국의 원체험을 갖지 않은 2세, 3세가 '재일'의 압도적 다수를 차지하고 일본사회의 일원으로서 '정주화'로 경도되는 것이 권리 의식의 확대를 가져온 것이라고 생각한다. 그것에 국제적 압력에 밀려서 일본정부도 국제인권조약이나 난민조약 등을 비준하지 않을 수 없게 된 것이 차별철폐요구에 탄력을 준 것 것 같다. 이러한 재일을 둘러싼 객관적, 주체적인 정황의 변화를 보면 재일의 '가야 할' 모습을 모색할 필요성을 통감하게 된다. 이 글의 을 「『재일』의 현재와 미래 사이」라고 한 것도 이러한 의미에서이다.

재일의 생을 현재에서 미래에 걸쳐 전망 할 때 우선 무엇보다도 제일을 둘러싼 조건에 대해 명확한 모습을 그려 둘 필요가 있을 것이다. 적어도 재일의 삶의 방식을 다시 취하기 위해서는 재일의 조건 속에서 변한 것과 변하지 않은 것, 더 나아가 변한 것 속에서도 그것이 어떠한 방향과 의미를 갖고 있는가를 확정해 두는 것이 불가결하다. 재일의 조선은 무엇보다도 일본의 변화를 빼놓고는 말할 수 없다. 그 전체상을 취하는 것이 도저히 불가능하지만 여기서는 후론(後論) 전개와 관계하는 한에서 그 거칠지만 개관해 보기로 하자.

전후 재일의 조건은 전후일본의 발자취와 함께 형성되어 왔다. 이것은 신헌법시행 전날에 발표된 최후의 칙령이 외국인등록령이었다는 것을 보아도 알 수 있다.전후 최초의 출입국에 관한 일반법 형태를 취한 이 등록령은 전전 연장선 상에 재일 조선인의 단속을 의도한 것이며 그 치안대책적인 발상은 재일의 전후의 시작을 규정하고 오늘날도 또한 저류(低流)로 계속 살아있는 것이다. 이 점에서 특히 재일조선인에 관한 한은 전전과 전후에는 단절이 없다고 말해도 과언이 아니다.

일한단상
日韓斷想

시바료 타로는 일본의 저명한 소설가, 논픽션 라이터이다. 본명은 후쿠다 데이치(福田定一)이다. 오사카부(大阪府) 오사카시(大阪市)에서 태어났고, 산케이신문사 기자로 재직하다가 나오키상(直木賞)을 수상하고, 역사소설 집필에 종사한다. 『언덕위의 구름(坂の上の雲)』등, 많은 작품을 남겼다. 이 글은, 언어와 인간의 인식 세계에 대한 내용을 수필 형식으로 적고 있다.

"나, 내일 숙모 집에 간다."

이런 이상한(?) 어순을 가진 말이 우리들(조선인과 일본인, 이하 동일)이 사용하고 있는 우랄 알타어족이다. 이것은 중국어나 영어, 프랑스어와는 다른 것이다. 단어가 벽돌처럼 만들어져 있어서 문장이 벽돌을 쌓는 것처럼 이루어져 있다. 벽돌 쌓기의 구조물이 역학을 무시하면 성립할 수 없듯이 중국어나 인도, 유럽어는 고급스럽게 표현하면 논리 그 자체이다.

우리들의 언어는 '철사(鐵絲) 세공'처럼 이리 구불 저리 구불하여 구조적으로 논리적이지 않다. '나, 내일, 숙모 집에 가버릴 거야'라고 말하면 히스테릭하게 보여 가출이라도 할 것 같은 말이 된다. 더 나아가 의지표현이 마지막에 온다. '내일 숙모 집에 가/간'까지 말하고 잠깐 틈을 두고 '가지 않는다'라고 말 할 수도 있다. 곧았던 철사를 갑자기 구부린 것이다. 벽돌쌓기 구조에서는 없는 것이기

페이지
152-161

필자
시바료 타로
(司馬遼太郎,
1923~1996)

키워드
우랄 알타어족,
유럽어, 벽돌쌓기 구조,
상호모방

해제자
서정완

때문에 문장이 와해되는 것은 아니다. 좀 독단적이긴 하지만, 이런 언어를 사용하고 있으면 사고가 메마를 틈이 없다고 생각한다. 논리는 벽돌처럼 건조한 것이다. 정서는 접착제처럼 언제나 촉촉하다. 조선인이나 일본인의 대부분이 감상적인 가요곡을 듣고 있으면 뇌 속까지 눈물로 흠뻑 젖는 느낌을 갖게 되는 것은 우리들이 본래 감상적인 민족(복수)이라는 것보다도 언어(이 경우는 노래 가사)가 정서적이고 우리들의 언어감각이 정서에 과민하게 반응하고 작사자가 효과를 기대한 이상 그것을 받아들이는 사람 쪽의 언어적 감수정이 크게 전율을 일으키기 때문이라고 생각한다.

언어는 문명의 핵심이다. 인도와 유럽 어족인 유럽인이 상호간에 방언(각국어)을 배우는 것을 통해 자국어를 풍부하게 해왔다. 예를들면 영어의 70%는 프랑스어로부터의 수입이라고 나는 들었다. 이것을 영국의 애국적 지식인에게 물어본 적이 있다. 그러자 '아니오, 75%다'라고 정정해 주었다. 언어의 차용과 문명현상은 애국심과 아무런 관련성이 없는 별개의 계열의 문제이다. 유럽은 아리아인종이 방언과 지리적 환경(때로는 정치적 이유)에 의해 국가가 나뉘어졌고, 게다가 상호모방(좋게 말하면 문화교류)에 의해 대문명을 만들어냈다. 서양사를 읽으면 법제, 예술, 학문 제(諸)분야에서 왕성한 상호모방의 역사가 있었음을 말하지 않을 수 없다. 아시아는 그런 조건을 조금밖에 얻지 못했다.

대담
호태왕비와 근대사학
[対談] 好太王碑と近代史学

우에다 마사아키는 고쿠가쿠인(國學院)대학에 입학했다가, 다시 교토(京都)문학부 사학과에 입학한다. 교토대학 졸업 후 1963년 교양학부 조교수가 된다. 이후 1971년 교수 등을 거쳐 1991년 오사카여자(大阪女子)대학 학장을 역임했다. 중학교 때 쓰다 소우키치의 『일본기 및 일본서기의 신연구(古事記及び日本書紀の新研究)』를 읽고, 상대사(上代史)에 대해 관심을 가졌다. 오리구치 시노부(折口信夫)로부터 사사(師事)를 받았고, 쓰다 소우키치의 『기기』 신화 비판에 대해서는 충격을 받았다고 한다. 강한 영향을 받았다고 전한다. 고대 일본에 건너온 도래인으로, 이 명칭이 교과서에 기재된 것은 우에다의 영향이라고 한다. 『귀화인(歸化人)』이라는 저서에서 「귀화(歸化)」는 『일본서기』에서 사용된 용어로 『고사기(古事記)』, 『풍토기(風土記)』는 '도래(渡來)'라고 한다고 지적하고, 당시의 호칭과 실태에서 귀화인이 아니라 '도래인'이라고 불러야 한다고 제창했다. 그리고 이진희는 재일조선인으로 역사연구가이다. 와코(和光)대학 명예교수이다. 주요전공은 고고학, 고대사, 한일관계사였다. 1984년에 한국적(韓國籍)을 취득한다. 기간지(季刊誌) 『일본 속의 조선문화(日本の中の朝鮮文化)』의 13호 이후 편집을 담당했고, 『계간 삼천리』(1975~1988), 『청구(靑丘)』(1989~1996)에서는 편집장을 맡았다. 특히 '호태왕비문 개잔설'을 내놓았었다. 주요 저서로는 『에도시대의 조선통신사(江戸時代の

페이지
170-179

필자
우에다 마사아키
(上田正昭, 1927~2016),
이진희
(李進熙, 1929~2012)

키워드
호태왕비,
신묘년(辛卯年),
추모왕(鄒牟王),
신화연구, 금석문

해제자
서정완

朝鮮通信使)』(1987),『조선통신사와 일본인(朝鮮通信使と日本人)』(1992),『해협(海峽)−어느 재일사학자의 반생(半生)』(2000),『호태왕비연구와 그 이후(好太王碑研究とその後)』(2003) 등이 있다. 이 글은 우에다 마사아키와 이진희가 호태왕 비문을 둘러싼 역사학계의 해석에 대해 심포지움에서 나왔던 이야기를 정리하고, 역사관에 대해 이야기한다.

이진희: 올 1월 11일과 12일 이틀간, 요미우리신문사 주최로 '4·5세기 동아시아와 일본'을 으로 호태왕비를 중심으로 한 공개 심포지움이 열렸는데, 그 이야기부터 시작해 보자.

우에다 마사아키: 중국 측에서는 왕건군(王健群) 씨를 비롯해 3명의 대표단이 참가했고, 일본 측에서는 니시지마 사다오(西島定生), 사에키 아리키요(佐伯有清), 다케다 유키오(武田幸男) 등과 내가 참가했다. 미카미 쓰기오(三上次男) 씨가 인사말을 했다. 그리고 재일조선인의 입장에서 이진희 씨가 참가했다. 호태왕비를 둘러싼 문제의 검토에 즈음하여 우선 비문 그것에 비추어 비문을 정확하게 복원하는 것이 기본이라고 말했다.

우에다 마사아키: 호태왕비문은 말할 것도 없이 조선 3국과 왜(倭)와 관련하여 깊은 내용으로 이루어져 있는데, 비문 그 자체를 당시의 동아시아의 동향과의 관련에서 위치지어야 한다고 생각한다. 비문에 대해서는 제2단에 있는 영락(永樂) 5년부터 20년, 그리고 신묘년(辛卯年) 부분이 특히 문제가 되는데, 첫째 단에는 고구려의 건국신화도 기술되어 있다. 추모왕(鄒牟王) 건국부터 호태왕에 이르기까지의 유래, 그리고 호태왕의 경력, 공적, 건비(建碑)의 의의에 대해 간결하게 기록하고 있다. 추모왕을 둘러싼 건국신화는 5세기 전반의 무토루즈카(牟頭婁塚)의『흑서(黑書)』에도 단편적으로 보이고 있는데, 비가 건립된 장수왕 때 414년 경에는 고구려에 이미 명확한 건국신화가 있었다는 것이 된다. 최근 기시 도시

오(岸俊男) 교수의 퇴직기념 논문집인『일본 정치사회사 연구』(상권)에「강림(降臨)전승의 재검토」라는 논문을 게재했는데, 그곳에도 이미 언급했는데, 니기하야히노 미코토(邇芸速日命)가 가와치(河內)에 강림한다는 신화 전승은 고구려의 추모왕 건국신화와 매우 깊은 관계가 있다고 생각한다. 호태왕비문은 신화연구에 귀중한 금석문이다.

이진희: 비석은 자연석의 표면에 손짓을 한 다음 비문을 팠다. 또한 1882년 가을에 비석을 뒤덮은 이끼나 넝쿨이풀을 제거하기위해 불태웠기 때문에 요철(凹凸)이 더욱 심해졌다. 그래서 현재의 비면(碑面) 상태를 정밀하게 사진으로 찍는 것이 필요하다. 또한 왕 씨의 일본어 번역판『호태왕비의 연구』에 수록된 칼라 사진을 내 나름대로 분석해보면, 이곳저곳에서 석회(石灰)가 남아 있는 것을 알 수 있다. 그리고 비석의 요철이 심하기 때문에 그 당시 문화재 조사에서 사용하고 있던 1미리 단위의 요철까지 건드릴 수 있는 기재를 사용하여 조사하는 것도 하나의 방법이고, 모든 광학적 방법을 활용한다면 비면을 손상시키지 않고 조사를 할 수 있을 것이다.

우에다 마사아키: 이진희 씨의『호태왕비의 수수께끼』가 고단샤(講談社)에서 재판되었는데, 참모본부가 조선연구에 가담한 것은 틀림없는 사실이다. 예를 들면 사코 가게아키(酒匂景信)가 '쌍구가목본(雙鉤加墨本)'－이는 흑수곽전본(黑水廓塡本)이라고 하는 쪽이 좋을지－를 갖고 온 이전해 1882년에 참모본부편찬과는『임나고(任那考)』,『임나국명고(任那國名考)』등을 저술했다. 이진희 씨가 반복해서 지적하듯이 비밀탐정이었던 사코 가게아키가 탁본을 갖고 돌아오자 곧바로 참모본부편집과가 해독에 전념하게 되고 1888년에 말하자면『일본서기』의 기년을 둘러싼 논쟁과의 관련도 있어 그 해석이 뒤틀려왔다. 1895년이라고 기억하는데, 이와자키(岩崎)가『신공황후 정한 연대고(神功皇后征韓年代考)』를

집필하고, 임나일본부 문제를 다루었다. 다시말해서 임나일본부를 방증하는 자료로서 비문이 사용되어지게 된 것이다. 1971년 나카쓰카 아키라(中塚明) 씨가 사코 가게아키를 둘러싼 중요한 지적이 있었는데, 그것을 더욱 발전시켜 1972년에 이진희 씨가 호태왕비는 이미 학문적 해결이 끝났다고 하는 태도나 선학 연구의 안이함에 의존하는 일본측 연구자의 자세를 날카롭게 비판했다. 그래서 호태왕비의 재검토가 본격화되었다. 문제는 비문의 개찬 뿐만아니다. 넓은 시야에서 연구를 해야 할 것이다.

나의 조선고고학(3)

私の朝鮮考古学(三)

아리미쓰 교이치는 후쿠오카현(福岡県) 출생으로 1931년 교토(京都)대학 문학부 사학과 고고학전공과를 졸업한다. 졸업 후 동방문화연구소(東方文化研究所)에 들어갔다가 조선총독부 촉탁으로서 조선반도 고분조사에 종사한다. 1941년부터 1945년 종전(終戰) 때가지 조선총독부 박물관 주임을 맡았었다. 1957년에 교토대학 교수가 되고, 우메하라 스에나오(梅原末治)의 후계자로서 문학부 고고학 연구실의 제3대 주임이 된다. 저서에는『조선고고학 75년(朝鮮考古学七十五年)』(2007) 등이 있다. 이 글은 아리미쓰가 조선총독부에서 근무하던 때 종전을 맞이한 상황에 대해 기록하고 있다.

8월 15일 정오에 라디오에서 중대발표가 있다는 것은 전날부터 알고 있었다. 소련에 대한 전쟁포고인가 아니면 패전 항복인가 불안한 소문들이 나돌았다. 이 날 아침 출근길에 이곳저곳 전신주에 '오늘 정오 중대 방송: 1억 국민 필청(必聽)'이라고 쓴 두 줄이『경성일보』특보가 붙여져 있는 것을 보았다. 11시 55분까지 총독부 본청 제1회의실에 집합하라는 총독부박물관 사무소의 통지가 있었던 것은 지정 시각 불과 5, 6분전이었다. 우리들은 본청사까지 200m 정도를 빠른 걸음으로 걸어갔는데, 제1회의실은 이미 만원이었고 들어갈 수 없는 직원들이 복도에까지 넘쳐나고 있었다. 실내

페이지
222-233

필자
아리미쓰 교이치
(有光教一, 1907~2011)

키워드
총독부박물관,
『경성일보』,
기미가요(君が代),
전면항복,
조선건국준비위원회

해제자
서정완

를 바라볼 수 없어서 밖에서 기다리고 있었다. 정오를 알리는 라디오 시보는 변함없이 울렸는데, '기미가요(君が代)'의 음악은 다른 때의 전황(戰況) 방송과는 다른 분위기를 자아냈다.

라디오의 상태가 나쁜 것인지, 쇠소리 같은 것이 끊기면서 들릴 뿐 내용은 전혀 알지 못했다. 이럴 거라면 박물관 사무소의 라디오를 듣는 것이 좋았는데라고 나는 초조해 하고 있었다. 그러자 문 안쪽에서 우는 소리가 들려오기 시작했고 보통일이 아니라는 것을 느끼게 되었다. 주위 사람들과 서로 얼굴을 쳐다 보았다. 마침내 다시 기미가요 연주가 들려와서 방송이 종료되었다는 것을 알게 되었다.

나중에 들으니 계속해서 아베(阿部) 총독의 유고(諭告)가 있었다고 하는데, 복도에서 서성거린 우리들은 들을 수가 없었다. 함께 있던 가야모토(榧本) 씨, 요시카와(吉川) 씨를 재촉하여 박물관 사무소로 되돌아가던 도중에 검열과 방에서 라디오를 듣고 있던 직원에게 내용을 묻자, 일본이 연합군에 전면항복이라는 사실을 알게 되었다. 박물관 사무소에 돌아가자 붙박이 라디오에서 침통한 어조로 우리 일본인은 어제까지의 영광스런 민족이 아니라, 후략 '라는 방송이 반복해서 흘러나오고 있었다.

일본은 어떻게 되는가. 일본인은 어찌하면 좋은가. 오늘을 마지막으로 일본국이 아니게 된 조선이다. 여기에 남아 있는 일본인은 어찌하는가. 예상되는 혼란이다. '총독부'가 소멸 된 후 총독부박물관은 어떻게 되는가. 그 관리나 책임은 당장 어떻게 되는가. 개인의 힘으로는 어떻게 할 수 없는 변화에 불안과 초조함이 끝없이 뇌리를 스쳐갔다. 다음 날 16일은 아침부터 이상한 소리들이 반복해서 들려왔다. 출근을 위해 거리에 나가자 그것이 독립만세라, 해방 만세라고 외치는 조선인 군중의 목소리라는 것을 알았다. 어제 결성한 '조선건국준비위원회'의 여운형 위원장의 조치로 이날 아침 경성 서대문 형무소에서 조선인 정치범 전원이 석방되었다. 조선인 사상가 제 단체는 혁명동지 환영이라는 플랭카드를 내걸고 형무소 앞에서 민중을 규합하여 종로 거리로 나아가 시위를 진행했다. 나중에 안 일인데, 이러한 군중의 세력을 모은 것은 이 날 오후 3시, 6시, 9시 세 번 경성방송국에서 방송된 조선건국준비위원회 성명이었다. 그것은 국면 수습과 질서 유지를 위해 위원회 소속 경위대를 설치하고 정규병 군대를 편제하여 총독정치를 끝내고 신정부가 수립된다는 취지를 발표했다.

15년 전쟁기의 해외 항일운동
十五年戰爭期の海外抗日運動

페이지
234-253

필자
강재언
(姜在彦, 1926~2017)

키워드
민족운동, 소작농,
미쓰야 미야마쓰
(三矢宮松),
중국공산당

해제자
서정완

강재언은 오사카상과대학을 수료한 후 교토대학에서 한국근대사연구로 문학박사를 받았다. 1968년 조총련과 결별하고, 1974년부터 교토대학과 오사카 대학 등에서 강사 생활을 했다. 1984년부터 하나조노(花園) 대학에 촉탁교수로 근무했다. 『계간 청구』 편집위원을 역임하기도 했다. 저서로는 『한국의 개화사상(朝鮮の開化思想)』(1980)이 있다. 김달수는 경상도 마산 출생이며 니혼대학(日本大学)예술학과 입학하여 문학을 전공했다. '재일조선인문학' 분야를 확립하고 '재일'의 입장에서 '민족' 해방의 문제를 고민하며 작품 활동을 한 재일조선인 1세 작가이다. 대표작으로는 『현해탄(玄海灘)』(1954), 『일본 속의 조선문화(日本の中の朝鮮文化)』(전 12권, 1970~1991) 등이 있다. 이진희는 재일한국인 역사학자로 고대한일관계사를 전공했다. 메이지대학 사학과를 졸업하고 조총련계의 조선고등학교와 조선대학교에서 근무했다. 그의 저서 『조선문화와 일본(朝鮮文化と日本)』와 관련하여 총련계(総連系)와 갈등을 빚다가 결국 총련과 결별하고 1984년 한국국적을 취득했다. 1972년 그의 논문 「광개토왕릉비문의 수수께끼(広開土王陵碑文の謎)」은 일본육군에 의한 광개토대 왕비 비문 변조설로 한일 역사학계에 파문을 던졌다. 1994년부터 와코(和光)대학 인문학부 교수로 근무했다. 이 글은, 그대로 해외지역 독립운동에 대해 적고 있는데 특히 만주지역에 한정해 그 세부 내용을 적고 있다.

1930년대 후반기가 되면 국내 민족운동은 점차 어쩔 수 없는 상황에서 쇠퇴하게 되고 지하조직에 의해 그 명맥을 이어간다. 그것과 대조적으로 만주사변에서 중일전쟁으로 발전해 감에 따라 중국 '동북지방 = 만주' 및 중국 본토에서는 무기를 들고 중국인들이 항일전쟁에 합류했다. 그 선구를 이룬 것이 조선북부와 접경하는 동만(조선인은 북간도라고 말한다) 및 남만(서간도)이다. 두만강을 사이에 두고 간도지방은 1930년 당시 전주민의 76.4%가 조선인으로 그들 대부분은 소작농 및 고용농이었고 일부는 산림 및 광산 노동자였다. 조선인의 대다수를 차지하는 농민 생활은, '대부분이 소작농겸 고용농이고 평균 5할의 소작료, 전수입의 15%에 상당하는 공과(公課), 월 8부의 고리(高利), 치안비 강제징수로 고통을 받았다'(만주국 군정부 고문부편 『만주공산비(共産匪) 연구』 제1집)이라는 것이었다.

1934년 6월 현재 통계에 의하면 이 간도지방의 조선인은 그 총인구의 거의 8할을 차지하는 42만 2000명이 되고, 만주외 기타 지역이 29만 6000명이 되었다. 그러나 이것도 정확한 것은 아닌데, 당시 이미 재만조선인 숫자는 100만 혹은 150만 명이라고 했었다.

만주에서의 조선인 운동은 1920년대 전반기에는 민족주의자에 의한 독립군이 주류였는데, 1925년 7월 8일 조선총독부 경무국장 미쓰야 미야마쓰(三矢宮松)가 장작림의 봉천정부 경무처장 우진(于珍)과의 사이에 맺은 미쓰야 협정에 의해 그 행동은 크게 제약을 받았다. 이 밀약의 전모는 밝혀지지 않고 있는데, 양국 경찰이 협력하여 조선인의 독립운동을 방지하는 것을 내용으로 하는 것이라는 것은 확실하다. 물론 그 이후에도 종래의 정의부(正義府)(남만주), 참의부(동만), 신민부(북만)이 29년 3월 국민부로 통합되었다. 그리고 3부 통합의 주력이 된 정의부의 현익철(玄益哲)이 국민부의 중앙집행위원장이 되었다.

또한 그 무장력으로서는 남만에는 조선혁명군(사령관 : 이진탁,

부사령관 양세봉, 참모장 이웅, 나중에 양세봉이 총사령)이었다. 이것과는 별개로 북만에도 한국독립당(중앙위원장 : 홍진)의 무장력으로서 한국독립군(총사령 : 이청천)이 있었다.

간도 5·30봉기는 용정촌(龍井村)에서의 1930년 5월 1일의 노동절 시위에서 시작하는 '붉은 5월 투쟁'의 일환으로서 만주성 위원회가 특파한 조선인 당원인 박윤서(朴允瑞)와 현지 연변당부 책임비서 이완용(李琓龍), 동만도(東滿道) 책임비서 김근(金槿) 등에 의해 계획된 반일 봉기였다. 이 봉기는 5월 29일 한밤중에 시작해 30일 용정촌에서 최고조에 이르렀다. 더 나아가 화룡(和龍), 연길 등의 일대로 확대되었다. 5.30봉기는 당시 중국공산당내의 이립삼(李立三)(선전부장)의 극좌(極左) 노선에 의한 무모한 계획으로 일본과 만주 군벌의 제시설에 대한 방화와 파괴만이 돌출되고 대중운동으로 연결되지 못했다. 기소된 34명 중 김근이 사형에 처해졌고, 다른 사람은 유기형(有期刑)에 처해졌다.

온돌방
おんどるばん

불합리한 것들 후쿠이시(福井市)·시마다 치에코(嶋田千恵子)·주부·42세

작년 말은 『아사히신문』 칼럼란에서 양(梁) 씨의 교원채용결정을 보고 저녁에는 내정 취소를 TV로 보는 뉴스로 마무리했다. 이러한 불합리한 것은 용서해서는 안된다. 지문날인문제에 대해서도 국가 입장은 전혀 변하지 않고 있다. 올해가 외국인등록증명서 대량 갱신 시기라며 감상을 논하는 것이 아니라 무언가 협력하고 싶다고 생각한다. 한국 붐이라고 말했는데, 붐은 좋은 일이라고 생각한다. 나도 매스컴에 의해 관심을 갖게 된 한 사람이다. 관심, 지식이 많아져야 상대를 이해할 수 있는 것이다. 내년에는 꼭 한번 한국에 가보고 싶다고 생각한다.

자각하는 학생들 후쿠시마현(福島県) 하라마치시(原町市)·사이토 요시이치(斎藤良一)·교원·34세

『계간 삼천리』가 창간된 것은 조선 해방으로부터 30주년이 되는 해였고 나는 친구들과 한국의 민주화 운동을 자신들의 눈으로 보기 위해 출국했던 해이다. 그 이후 10년 나는 고등학교에서 사회과를 담당하고 있는데, 수업을 통해 학생들이 올바르게 조선을 이해하고 일본의 식민지지배 책임을 자각할 수 있으면 하는 마음으로 일해 왔다. 교육 현장에서 많은 문제를 끌어안고 있는데, 자각하는

페이지
254-256

필자
시마다 치에코
(嶋田千恵子),
사이토 요시이치
(斎藤良一),
엔도 사토루(遠藤覚),
오웅근(吳雄根),
유등호(劉登蒿),
강재언, 사토
노부유키(佐藤信行)

키워드
교원채용결정,
지문날인문제,
식민지지배, 교과서문제,
조선근대사

해제자
서정완

157

학생이 늘어나고 있다. 1년간 수업에서 배운 것이라는 의 작문에 어느 학생이 이렇게 적고 있었다.

'나는 조선과 일본의 관계를 처음으로 알고 나도 일본인의 한사람으로서 매우 부끄럽게 생각했다. 그리고 조선(한국)인에 대해서 매우 미안하게 생각했다. 지금부터는 뿌리깊게 남아있는 차별을 없애갔으면 한다'

수업시간에 파고들어야 하는 문제 시즈오카시(静岡市)·엔도 사토루(遠藤覚)·대학 강사·62세

교과서문제에 대해 이런 것을 생각한다. 교과서 문장 표기는 큰 문제인데, 지금 교과서의 문장에서는 현장 교육은 성립되지 않는다. 여기서 '자료'라고 칭한 별개의 재료를 준비하여 교사와 학생이 학습하고 있는 것이 현실이다. 다시 말해서 교과서에서는 '학습하기 쉽도록'이라는 관념과 학생들의 의욕을 이끌어내고 생각하도록 하는 관점이 기술적으로만 다루어져 무엇을 배우는 가는 파고들지 못하고 있다.

남북 조선의 생산 비교라던가 자연환경의 비교, 일본과의 친밀도 등에 그치고 일본이 국가로서(일본인 한 사람 한 사람이) 조선문제에 어떻게 관여해 왔는가, 어떻게 침략해 왔는가를 전혀 이야기하지 않는 것이 대부분이다. 이 부분까지 파고들어야 할 것이다.

「온돌방」의 일 중국 하북성(河北省)·보정시(保定市)·오웅근(吳雄根)·대학교원

37, 38년 전의 일인데, 소련에 억류되었을 때 어느 날 우연히 조선으로부터 철병해 온 한 사람의 소련 병사와 만났다. 조선은 어떠했는가라고 물었다. 그 병사는 '좋았다'고 말하고 이어서 '조선인은 묘하다. 페치카(pechka) 위에서 잠을 잔다'고 말하고 목을 움츠렸다. 그의 표현은 매우 재미있었기 때문에 지금도 기억하고 있

다. 그가 말한 페치카는 '온돌방'을 말하는 것인데, 그것은 단순한 페치카가 아니다. 그것은 마루 아래에 난방장치를 만든 조선 고래 (古來)의 주택 양식으로 지금도 조선식 주택이라면 거실이나 방은 이것으로 만들어져 있다.

온돌방은 여러 종류가 있는데 그 중에서도 '장방지'를 깨끗하게 도배한 것이 최고이다. 우선 마루 위에 한두 번 초배(初褙)를 하고 그 위에 황색 기름 종이를 정성스럽게 붙이고 청유(淸油)를 두 세 전 칠한 후 말리면 완성된다. 이 온돌방이 언제부터 시작되었는가 는 정확하지 않은데, 조선뿐만이 아니라 중국의 양자강 이북 지방 에서도 이것이 성행하고 있다. 북조선에서는 주택 건물에도 이를 채용하는 경우가 많고 한국도 그러한듯하다. 아시아의 일각에서 시작한 '온돌방'이라는 독특한 주택 방식, 이것에 익숙하면 다른 것은 익숙해지지 못하게 된다.

중국에서 보는 『계간 삼천리』 중국 길림성 용정현·유등호(劉登蒿)

귀지를 처음으로 안 것은 1982년 여름이었다. 이전에 조선의용 군에 참가한 전우 모임에서 김학철 씨로부터 일본에서 발행하고 있는 잡지 『계간 삼천리』(제31호)에 「1940년대 중국에서의 항일투 쟁」이라는 논문이 게재되어 있었는데, 그 속에서 조선의용군에 대 해 언급하고 있다는 것을 소개 받은 것이 계기가 되었다. 나는 20살 봄(1940)부터 중국에서의 항일전쟁에 참가할 기회를 얻고 그 후 자신은 민족의 독립과 해방을 위해 몸을 바쳤다고 하는 자부심을 갖고 살았다. 그러나 부끄럽게도 자신의 민족이나 역사에 대한 지 식이 거의 없다. 이 공백을 조금이라도 매우는 것에 귀지는 귀중한 교재로서 도움을 주고 있다. 갑신정변이라던가 여운형의 활동 등 부터 온돌방, 서적 광고, 등등은 우리들에게 산 교재이다. 귀지의 편집방침, 특히 분단된 조국 상황에서 민족의 역사에 대한 공정한 사시구사의 입장을 관철하여 민족통일을 위해 사람들이 말하지 못하는 것을 감히 말하는 자세에 깊게 감동했다. 이 기쁨을 많은 동포들과 공유하고자 『계간 삼천리』를 친구들에게 소개하고 있다.

귀지 게재의 '조선어문 운동의 전개', '중국·장춘의 조선족', '식민지하의 가요곡'을 번역하여 출판사에 건네주려고 한다. 귀지의 '가교'란에 뭔가 쓰고 싶다고 생각하고 있는데, 잘 되지 않는다. 중국 동북 땅에서 여러분의 건투를 기대한다.

연재를 마치고 편집위원 강재언

본지 제29호부터 11회에 걸쳐 연재해 온 '근대조선의 발자취'를 본호를 마지막으로 종료하게 되었다. 되돌아보면 이것을 연재하기 시작한 계기는 본지 제27호에 게재한 '조선민족운동사의 시점'이었다. 내가 어떤 마음으로 이 연재를 쓰기 시작했는가는 그곳에다 나와 있다.

남북조선에 있어서 조선근대사 서술은 각각 이데올로기 때문에 커다란 제약을 받고 있다. 그것은 특히 조선인민의 민족해방운동이 민족주의 및 사회주의 그리고 기타 사상과 결합하게 된 1919년의 3·1운동 이후부터 1945년 해방에 이르기까지의 시기가 현저하다.

나는 각각의 운동이 어떠한 사상과 결합하든지 민족해방이라는 것의 하나로 수렴되어간 운동이라고 생각한다. 그를 위한 전략과 전술로서 무엇이 유효한가라는 선택으로 각각의 사상적 입장을 다르게 하고 있다고 생각한다. 그것을 현재의 이데올로기적 입장에서 민족운동사를 서술하고, 혹은 필주(筆誅)를 가하거나 또는 말살해서는 형장에서 대륙에서 사라진 애국 열사들의 '고혼(孤魂)'은 어디에도 안주의 땅을 얻을 수 없을 것이다. 오늘날을 사는 사학자 나부랭이들은 선열들의 묘비명을 돌에 세길 작정으로 적어 왔다.

전후 40년째의 여름 편집부·사토 노부유키(佐藤信行)

외국인등록법상의 지문날인을 거부하는 재일외국인은 이미 2백명을 넘었고 동시에 거부자를 고발하지 않는다고 성명을 내는 자치체가 이어지고 있는데, 지문제도 철폐를 요구하는 운동은 이전에 없던 확산을 보이고 있다. 올 여름 7얼부터 시작된 외국인등록증 대량 갱신을 목전에 두고 법무성도 이 흐름을 제어할 수 없을 것이다. 그만큼 지문제도의 부조리성이나 실제 운용에 외국인등록제도의 모순이 어느 누구의 눈에도 들어오게 된 것이다. 그렇지만 한편으로 경찰이 지문거부자에 대해 자치체의 고발을 기다리지 않고 조사를 시작하고 있다. 이것은 지문제도가 누구에게 필요한 것이었는가를 여실히 보여주는 것이며 그들이 그렇게 간단히 이것을 포기할 것이 아니라는 것을 말해준다.

이 지문제도는 '국가위급의 존망' 시기에 총을 가진 일본국민이 아닌 재일조선인은 항상 감시하지 않으면 안 된다는 식의 국가의 의사와 일본국민과 외국인과의 사이에 구별이 있어 당연하다고 생각하는 일본인의 배외의식이 두 가지에 의해 지탱되어 지고 있다.

이것은 천황이나 국기에 대한 감정 등 미묘한 문제를 외국인 교원이 배울 수 있을까라고 공립학교에서 외국적 교원을 몰아내는 논리와 기묘하게 일치한다. 기성사실이 하나하나 쌓아 온 전후 40년째의 올 해 여름, 우리들은 지문날인문제를 통해 커다란 선택의 기로에 놓이게 되었다.

편집을 마치고

編集を終えて

보도에 의하면 중단되었던 남북 간 대화가 오는 5월에 반 년 만에 재개된다고 한다. 여기서 쌍방에게 바라는 것은 인내를 갖고 성의 있게 이야기를 하기를 바란다는 것이다. 작년 11월 15일에 판문점에서 열린 남북경제회담에서는 '남북경제협력위원회' 설치, 서울과 평양을 연결하는 철도 연결, 인천과 원산항의 상호 개항에 대한 합의를 보았다. 한편 작년 11월 20일 적십자회담에서는 남북에 이산한 가족, 친척의 재회를 실현시키는 문제 등 5개 항목에 대해 합의되고 대표단은 보도진 50명을 포함해 84명씩으로 한다는 것이 결정되었다. 순조롭게 진행되면 13년 만에 남북 대표단이 서울을 방문하게 된다.

여기서 나는 13년 전의 7·4 공동성명에서 남북 정부가 통일문제를 자주적이고 평화적으로 해결한다는 서약이 있었음에도 불구하고 김대중 사건을 계기로 대화가 파탄한 것이 생각이 난다. 대화 계속에의 열의가 결여되어 있었기 때문에 13년이라는 허송세월을 보내고 올 8월에는 분단 40년을 맞이하게 된 것이다. 이러한 경과를 보아도 대화와 상호 방문을 정착시켜 가야할 것이라고 생각한다. 미국과 소련의 화해 움직임이 보여주듯이 세계 대세는 남북대화 촉진을 요구하고 있는 것이다. 남북 정부는 이번에야 말로 민족의 염원에 답하기 위해 진지해 지기를 바란다. (편집위원 이진희)

페이지
256

필자
이진희
(李進熙, 1929~2012)

키워드
남북 대화, 남북경제회담,
적십자회담, 분단 40년

해제자
서정완

162

1985년 가을(8월) 43호

역사이야기-한국과 일본

[架橋] 歷史物語―韓国と日本

김용은 한국 부산출생으로 연세대 신학부를 졸업하고 도쿄신학대학 대학원을 수료했다. 고이와교회 부목사, 세계교회협의회 스탭이며 일보닉독교단 도요시마오카 교회 목사를 역임했다. 이 글에서는 한국과 일본 역사에 대한 관심을 갖게 된 계기를 서술했다. 한국과 일본 각각의 역사이야기를 통해 한국인으로서 일본에 대한 관심과 이해가 높아질 수 있을 것이라고 보았다.

나는 어린 시절부터 역사를 좋아했다. 정확히 말하면 역사이야기를 듣는 것을 좋아했다. 초등학교에 입학하기 전부터 백설공주보다는 클레오파트라 이야기를 좋아했다. 콩쥐팥쥐나 흥부놀부 보다는 이순신 장군이나 정몽주 이야기에 흠뻑 빠져있었던 기억이 난다. 스스로 글을 읽으면서부터는 유리태자나 김유신 등의 책을 읽었다. 중학생 때에는 역사교과서는 암기할 정도였으며 역사만큼은 성적이 좋았다. 세계사나 국사도 좋아했으나 왜인지 국사가 좀 더 재미있었다.

페이지
14-17

필자
김용(金纓, 1948~?)

키워드
일본역사, 한국역사,
역사이야기, 반일,
일본문화

해제자
석주희

결혼해서 처음으로 일본에 와서 3년간 가와사키에 살았으나 일본어도 잘 몰랐으며 출산과 육아를 쫓느라 일본의 역사를 알 수 있는 기회가 없었다. 역사 뿐 아니라 3년 동안은 많은 글자를 읽을 수 없는 시기였다. 그 후 한국이나 미국 생활을 거쳐 5년 반 전에 일본에 온 이래 나는 일본어를 기억하고 일본 책 몇 가지를 읽게 되었다. 전문 신학서를 읽는 것은 매우 힘들었고 일본의 문학이나 일반 책은 서론 정도 읽을 수 있을 정도였으나 왜인지 '일본의 역사'를 읽은 적이 있었다.

언제부터인가 나는 한국의 역사이야기를 일본에 소개하고 싶다고 생각했다. 내가 어린시절 감동을 받은 이야기를 일본의 아이들에게 전달하고 싶다고 생각했기 때문이다. 내가 쓰고 싶다고 생각한 내용이 고단샤(講談社) 학술문고에서 「삼한옛날이야기(三韓昔かたり)」로 간행되었다. 나의 아버지 김소운이 1941년에 쓴 책이 44년만에 간행된 것이다. 물론 나는 이런 책을 쓴 것을 알지 못했다. 나는 「삼한옛날이야기(三韓昔かたり)」을 단숨에 읽었다. 오랜만에 어린 시절의 감동이 마음 속에 밀려오는 느낌이 들었다.

반일교육을 받고 자란 나에게 일본에 대한 저항감이 뿌리 깊게 남아 아직 완전히 없어지지는 않았다. 그러나 일본의 교사가 된 지금은 일본이든 한국이든 구별하지 않고 어디든 보다 아름다운 것, 보다 진실한 것을 배우도록 노력하고 있다. 그럼에도 역시 한국의 역사에게 기우는 것은 '피는 물보다 진하다'는 것이 아닐까.

책을 읽고 나는 일부 답을 발견한 것 같았다. 그것은 '바른 자는 번성한다', '정의는 승리한다', '하늘은 바른 자를 돕는다' '불의를 꾸미는 자는 망한다' 같은 정서가 한국의 역사이야기에 일관되게 나타나는 것이었다. 이러한 것이 단순히 논리에 따라 되지 않는 것이 세상의 역사이다. 따라서 한국의 이야기는 역사라기보다는 근본도 알 수 없는 전설에 불과할 수 있다. 또는 대부분 사실을 가지고 만들어낸 설화에 지나지 않을 수도 있다. 이러한 것을 읽고 감동하거나 한국의 역사는 훌륭하다고 생각하는 내가 어리석은 인간일지도 모른다.

나는 일본의 역사를 알지 못한다. 일본의 역사를 공부하는 것은 이제부터 나의 과제이다. 그러나 일본의 생활에서 어렴풋이 느낀 일본인이나 일본문화에 대한 불가해함은 역사관이 다른 한국인으로서 나에게는 피할 수 없는 것이기도 하다. 일본에서 진정으로 감동을 받고 싶다. 동시에 한국인이 긴 시간 지녀온 역사관을 현실과는 맞지 않는다는 이유로 버리지 않고 소중히 간직하고 싶다. 이러한 역사의식이 있다면 어떤 어려움이 오더라도 밝은 내일을 향한 희망을 가지고 걸어갈 수 있을 것이라고 믿기 때문이다.

가교
시인-윤동주의 무덤을 참배하며
[架橋] 詩人—尹東柱の墓にもうでて

오무라 마스오는 와세다대학 교수로 이 글에서는 중국에서 윤동주 묘비를 찾는 여정을 통해 만난 사람들과 윤동주에 대한 감상, 문학적 가치를 제시했다. 필자의 연변 방문 이유와 조선족 문화에 대한 관심에 대해서도 서술하였다.

한국이라기보다 조선의 민족적 시인으로 불리는 윤동주의 무덤을 찾아내어 그 영전에 참배하는 것이 이번 길림성 연변 조석족 자치주에 온 목적 중 하나이다. 나는 와세다 대학의 재외연구원이 된 것을 계기로 길림성 연길시의 연변대학에 적을 두고 지난 4월 초순부터 체류하고 있다. 연변에 와서 2개월째, 그 사이 조선문학과 중국의 조선족 문학의 자료수집을 하고 있었으나 이번에 연변대학에 계신 분으로 부교장인 정판용 선생, 민족연구소 소장 권철 선생, 조선문학 좌장 이해산 선생 등의 도움을 얻어 윤동주 묘비와 중학교 당시 학적부 겸 성적표, 당시 재학생 명단을 발견할 수 있었다. 일본에서도 윤동주 전 시집 「하늘과 바람과 별과 시」가 번역되는 등 윤동주에 대해 관심이 높아지던 시기로 묘비를 발견하기까지의 흐름을 간단히 보고하고자 한다.

5월 19일 우리들을 포함하여 연변대학교 관계자와 박물관 사람들 9명이 자동차 2대에 나누어 타고 지린성에 가서 제사를 했다. 두만강에서 잡은 송어에 조선산 명태를 무덤 앞에 두고 박물관 제

페이지
17-19

필자
오무라 마스오
(木村 益夫, 미상)

키워드
윤동주, 윤동주 묘비, 중국 연변, 독립운동, 문학사

해제자
석주희

기를 사용하여 순 조선식으로 제사를 올렸다. 두만강은 조선으로부터 중국 연변을 가기 위해서 반드시 건너야 하는 강이었다. 제사 날에도 기후가 급변하여 석본을 하지는 못했다.

그 후 연변 각지에 있는 동주의 먼 친척 한 분 한 분 방문했으나 사진 등 유물은 문화대혁명시 위험하여 태워버렸다고 한다. 그러나 모교인 광명중학교(다른 학교와 연합하여 현재는 지린중학교로 개칭)에서는 윤동주의 학적부 겸 성적표를 찾아볼 수 있었다. 이에 따르면 평양 숭실 중학교 3년을 수료하고 1936년 4월 6일 광명 중학교 4학년으로 편입하여 1938년 2월 17일에 졸업했다. 그 후 서울 연희전문학교 문과(현재 연세대학교 문학부), 일본의 릿쿄대, 도시샤대를 다녔다.

학적부에 따르면 성격은 온순하고 성실했으며 사상이 온건하며 마음이 상냥한 윤동주가 독립운동을 한 뒤 교토에서 체포되어 후쿠오카 형무소에서 29세 젊은 나이로 생을 마감한 것은 당시 누가 알았겠는가. 일본 땅에서 한을 품고 죽음에 이른 것은 그가 남긴 백여 편의 시는 전 인류의 문화유산으로 끊임없이 문학사에 남겨질 것이다.

가교
"신세타령"의 여정으로부터
[架橋] "身世打鈴"の旅から

　　신야 에이코는 관서예술좌로 1945년 오사카 기립 오기마치 고등여학교를 졸업한 후 오사카 육군사단 사령부에서 근무했다. 이후 1957년 극단 칸사이 예술좌를 창설했다. 대표작으로는 재일조선인 엄마를 연기하는 1인극 '신세타령'으로 공연횟수는 2000회 이상이다. 그 외에 '짐수레의 노래', '후지토' 등 다수의 작품에 출연했다. 이 글에서는 '신세타령'을 공연하기 위한 여정에서 만난 사람들과의 교류, 치마저고리, 관동대지진 등 조선인에 대한 생각을 서술했다.

　　이토 루이스(伊藤ルイズ) 씨를 처음 보게 된 것은 올해 3월 18일 아침 9시 전 오사카 교외인 이케다 길목이었다. 전전부터 부인해방운동을 해 온 84세 세키히사코(関久子) 씨가 나의 1인 연극 '신세타령'을 일본에서 유일한 나이키(지대공 유도탄) 설치 반대에 성공한 오사카부 도요노군 노세(大阪部豊能東能勢)의 덴노(天王)중학교·초등학교 졸업생에게 선물하고 싶다고 전해 들었으며 가끔식 교토에서 야스쿠니 신사 합사반대 집회가 있어 여기에 출석하는 루이스 씨와도 만난 것이다. 사진가로 아이누를 5년에 걸쳐서 쫓아다닌 니시우라 고이치(西浦宏一) 씨의 차에 태워주어 만나게 되었다.

　　깊은 산 속 덴노 초·중학교에 도착했다. 재학생은 초·중학교

페이지
19-22

필자
신야 에이코
(新屋英子, 1928~2016)

키워드
1인 연극, '신세타령',
관동대지진, 조선인

해제자
석주희

합쳐서 54명. 졸업생은 중학교 4명, 초등학교 5명이다. 아버지와 어머니들이 나이키 설치 반대를 한 기억을 잃지 않도록 답사로 불러주어 감동을 받았다. 오후부터 1인 연극인 '신세타령'을 공연했다. 12년간이나 공연해 와서 346회째였다.

끝나고 옷을 갈아입자 루이스 씨가 "나, 한 번 이것 입고 싶었어"라고 땀에 젖은 하얀 치마 저고리를 손으로 쓰다듬었다. 그 때 나는 생각지 못하게 몸이 떨림을 느꼈다. 관동대지진에 일어난 일들이 쓰나미처럼 내 전신을 덮었다. 하얀 저고리의 루이스 상은 청초하여 사랑스러웠으며 선생이나 학생들에게 인기를 모았으며 니시우라가 사진을 찍었다. 그 날 밤 루이스 씨는 덴노에 머물러 세키 씨와 나는 니시우라 씨의 차로 돌아갔다.

그리고 6월 27일. 후쿠오카 공항은 큰 비가 내린 후 아직 구름이 걷히지 않았으나 "이렇게 빨리 다시 만날 수 있을 거라고 생각하지 못했습니다. 만나서 기쁩니다"라고 말하는 나를 루이스 씨는 사랑스러운 얼굴로 맞이해 주었다. 루이스 씨가 있는 사와라구(早良区)내의 해방동맹으로부터 초대를 받아 28일 밤 '신세타령'을 하게 되었으며 그 전 날 '1인 연극을 보는, 여성의 회'를 니시후쿠오카(西福岡) 교회에서 기획해 주어 나는 이틀 동안 루이스 씨 집에서 지낼 수 있게 되었다. 루이스 씨의 집의 기둥에는 폭 30mm, 길이 50mm 정도의 검은 유리 액자가 걸려있었다. 이토노에(伊藤野枝)의 실로 아름다운 사진이 인상적이어서 나는 루이스 씨와 이야기를 하면서도 시선은 그 방향을 향해 있었다.

공항을 향하는 버스에서 루이스 씨는 "나에게 차별적인 용어는 관동대지진입니다"라고 전했다. 지금 내 책상 위에는 50년 후에 새롭게 밝혀진 군의 감정서 사본이 있다. 루이스 씨가 준 것이다. 규슈로부터 돌아와서 시간이 흘러 홋카이도에 공연을 하러 간 나는 7월 4일 오타루(小樽)에서 게가공선을 무대로 한 운하를 지나 제관공장에 눈을 돌리자 문학관에서 센다 고레야(千田是也) 씨가 만든 고바야시 타키지(小林多喜二)의 데스마스트와 대면하였다.
내가 18세 일 때 '1928년 3월 15일'을 읽고 느낀 전율이 감정서에서
되살아난 것을 생각하면서 … 진열대에 '도쿄대·와세다대·게이오
대·사체해부거부"의 신문 기사가 있었다. 그리고 감정서도 없는
조선인의 죽음을 생각했다.

가교

지금-여기에서

[架橋] いま、ここで

하야시 미즈에는 평론가로 1934년 도쿄에서 태어났다. 와세다대학 정치경제학부를 졸업하고 센슈대학 법학부 강사를 거쳐 스루가카이 대학 문화정보학부 교수를 역임했다. 젠더와 유럽 정치문화를 연구하며 퇴직 후 번역활동을 하고 있다. 이 글에서는 프랑스에서 경험한 인종차별과 극우 문제를 서술하고 이민자에 대한 국적차별 문제를 지적했다.

"거리가 깨끗해졌네요", "정말 그러네요". 이전과 비교해서 청결하게 되었다고 느낀 것이 2년 만의 파리에 대한 인상이었다. 새롭게 등장한 다면체의 녹색 쓰레기통도 풍경에 잘 어울렸다. "거리도 왠지 안전해진 기분이 듭니다", "아 그렇습니까" 무엇보다 불온한 공기가 사라진 것 같은 기분이 들었으나 이러한 감상은 살고 있는 사람들은 그다지 찬성하지 않았다. 사회당 정권을 반기는 것인가요 라고 하자 웃기도 하였다. 이민 문제가 전공인 친구는 나의 얕은 관찰을 나무랐다. "당신은 그렇게 말할지 모르지만, 라디오나 텔레비전 스위치를 켜서 한 번 보시게 무엇이 들리는지요. 인종차별적인 사건 뉴스가 끊이지 않고 있습니다." 확실히 1개월 남짓한 짧은 체류에도 그러한 사건에 관한 뉴스가 이어졌다.

실업 문제를 고민하고 있는 프랑스 사회에서는 극우의 득표율이 증가하는 현상도 나타나는 것처럼 "프랑스를 프랑스인에게"등 일

페이지
22-25

필자
하야시 미즈에
(林瑞枝, 1934~)

키워드
프랑스, 이민자, 국적법,
인종차별

해제자
석주희

172

부 과격한 이민배척 경향과 그것에 대항하여 이민자를 사회의 일원으로 받아들여야 한다는 입장이 대립하고 있다. 경제 확대기에 사용해 온 외국인 노동자가 긴 불황으로 과잉이 된 것을 시작으로 프랑스는 그들의 프랑스 체류가 길어지고 대부분 귀국하지 않는 사실에 신경을 쓰고 있는 것이다. 이러한 사태에 대처하기 위해 현 정권은 외국인 노동자의 보다 깊이 있는 정착을 위해서 시행착오의 측면은 있으나 여러 가지 방안을 모색하고 있다.

체재 허가 등의 관련 제도를 개선한 것이 그 사례이다. 이전에는 허가증을 1년, 3년, 10년 단위로 세 번에 나누었으나 이것을 1984년 법률에 의해 일시채류허가와 이주자증 두 종류만으로 하였다. 1년간 일시적인 체재가 확인되는 경우에는 노동자 외에도 내유자, 학생, 노동자 가족 등이다. 내유자는 새롭게 만들어진 표현으로 생활비가 있는 것을 증명하여 직업 활동을 하지 않는 자를 의미한다.

거주자 증명은 기한이 10년으로 합법적으로 3년간 지속적으로 프랑스에 살고 있는 사람들을 대상으로 생활수단 특히 취업 상황을 고려하여 부여하고 있다. 이 때 프랑스에 정주할 의사를 나타내는 사실을 고려하고 있다. 협정에 의해 다른 출입국규정에 따르는 알제리아 사람의 경우에도 체재·노동허가증에 이르는 거주증명서 갱신의 기한은 일률적으로 10년으로 규정하였다.

생지주의를 병용하고 있는 프랑스에서는 2세 가운데에 프랑스인 국적자가 나오고 있다 .국적법의 제44조에서 '프랑스에서 외국인 양친으로부터 생겨난 자는 모두 성년에 달하는 날 프랑스인으로 거소를 가지며 그 이전에 5년간 프랑스에 상시 거주한 경우에는 성년에 달했을 때 프랑스 국적을 취득한다."고 규정했기 때문이다.

즉 이민 2세라더라도 국적상 프랑스인 인자, 프랑스인이 되려는 자(프랑스에서 태어나 유아를 프랑스에서 보낸 자의 확실한 통계가 없어 그 수는 불명확하다)가 있어 이후에도 증가해 갈 것이다. 그들에게 프랑스는 법적으로는 자신의 국가이다. 부모의 출신국에 귀국하려는 것이 오히려 이상하다.

이 가운데 6월 6일, 국민회의에서 이민정책에 대해 토의가 진행되었다. 원칙론으로는 외국인의 지방선거권을 인정하는 사회당 정부는 이민족 공존의 사회가 가능하다고 말하며, 다른 한편 보수계 야당은 다민족 다문화 사회는 국가를 분열시키므로 국적의 자동취득은 인정하기 어려우며 따라서 국적법 제44조 폐지를 요구하며 논의는 대립한 채로 끝났다.

동화를 둘러싼 알력 다툼에 서 있는 것이 2세이다. 그들은 외국 국적인 자도, 프랑스 국적인 자도, 스스로 상황을 받아들이는 결의를 가지게 되었다. 1983년 1984년 시가행진 "SOS·인종차별"로 주장하여 행동하게 되었다. "지금, 여기에서, 남의 일도 아닌, 나중에도 아닌"이라고 2세들의 자유라디오 슬로건은 이들이 희생하는 세대가 되는 것을 거절하고 있다.

나에게 있어 조선·일본
"풀뿌리" 차별주의 가운데
[私にとっての朝鮮·日本] "草の根"差別主義

사노 미쓰오는 시코쿠학원대학 조교수로 교육사학회 이사와 일본식민지교육사연구회 사무국장, 아시아교육학회 연구위원장을 역임했다. 이 글에서는 시코쿠의 지문날인 사례를 통해 외국인 차별 문제에 대해 지적하였다. 외국인 지문등록법에 대해 일본사회의 문제로 인식하고 대응해 나가야 한다고 보았다.

시코쿠의 시골, 총 인구의 3만 8천명인 Z시에서 올해 4월 1일 현재 69명과 사람 단위까지 파악하고 있는 재주 외국인 가운데 1명으로서 김영자 씨가 지문날인을 거부했다. 실은 Z시에서는 우리들도 알지 못했던 하나의 '날인거부'가 있었다. 미국 국적으로 그곳에 산지 십 수년이 된 사람이 작년 9월 한 번 미국에 다녀온 것으로 신규등록을 하게 되어 거기서 지문날인을 거부한 것이다. 하지만 당시에는 시 측으로부터 '지문을 날인하지 않으면 등록증이 나오지 않는다'고 하여 어쩔 수 없이 90일째 지문을 찍은 것이다. 그 시점에서 이 사건을 알고 있던 주위의 일본인은 누구도 시 측의 속임수를 알아차리지 못했다.

김 씨가 신문기자와 인터뷰를 하는 가운데 "전에 살고 있던 오사카 이쿠노구에서는 공무원이 재일조선인 문제를 알고 있는 가운데 지문을 찍으라고 말했다. 하지만 여기에서는 확실히 규칙이라

페이지
131-132

필자
사노 미쓰오
(佐野通夫, 1954~)

키워드
시코쿠, 지문날인,
외국인등록증, 외국인
차별, 일본사회

해제자
석주희

고 말했지만 그렇다면 당신이 찍어보면 어떻습니까 라고 말하고 싶었다"고 말했지만 시의 직원의 대응은 "무슨 귀찮은 소리를 하는 거야"라고 말했다.

6월 현재, 김 씨가 있는 곳에는 무언의 전화가 1회 있었던 일 외에 다른 것은 없었다. 김 씨가 거부한 것은 각지 지방판에 게재되어 누군가 알고 있을 텐데도 누구도 아무것도 이야기 하지 않았다. 김 씨는 사립교 교원으로 근무하고 있었으나 그 아이들도 무엇도 물어보려고 하지 않았다.

김 씨에게 아들이 태어났다. 특례영주허가신청에 동행하여 특례영주 '허가'라는 글자를 찾으면서 누구에게 이제 막 태어난 아이의 영주를 '불허가' 하는 권한이 있는 것인가, 그러한 권한이 있는 것인가 하고 일본의 입관행정에 참을 수 없는 분노를 다시 한 번 느꼈다. 그러나 외국인 등록법 문제를 말했을 때 어느 학생의 반응이 떠올랐다. "외국인의 지문을 찍는 것에 대해서는 나는 찬성입니다. 무엇보다 모르는 사람이 어른거리고 있다고 생각하면 기분이 나쁘기 때문입니다"

지금 "김영자 씨의 지문날인 거부를 지원하는 회"는 김 씨의 직장 동료의 1/4로 조직되어 거의 같은 수의 학생과 직장 외 시민으로 구성되었다. 시민 과장의 말로는 정말로 "왜 고발하지 않는가"라고 말하는 시민이 있다고 한다. 그러나 전혀 다른 논리에서 김 씨의 인근에 살고 있는 아주머니가 집회에 나와 준 것 등 실낱같은 빛을 구하며 힘을 내고 있다.

나에게 있어 조선·일본
"함께 산다" 일 보를
[私にとっての朝鮮·日本]「共に生きる」一歩を

하라 치요코는 가와사키의 '지문날인 거부자를 지지하는 회(指 紋押捺拒否者を支える会)' 소속이다. 이 글에서는 이상호 씨의 사례를 통해 지문날인거부 운동에 대한 흐름을 정리하였다.

지난 5월 8일, 지문날인을 거부해온 이상호 씨는 가와사키 임시 공항 경찰서에서 체포되었다. 자치체가 '고발'을 하고 있지 않은 채 체포한 것은 전국에서 최초이다. 그리고 이상호 씨는 처분보류 인 채로 10일 밤 보석되었으나 한 달 후 6월 10일, 요코하마 지방검 찰청에 의해 기소되었다.

상호 씨의 체포로부터 2개월 간 법무성, 경찰청, 정부는 일체가 되어 지문날인거부자를 탄압하고 외국인등록법 개정을 향한 운동 을 제재하려는 움직임을 보이고 있다. 이상호 씨가 석방되던 날 오사카부 경찰서의 외사과장은 "법을 지킬 수 없다면 자신의 나라 에 돌아가던지 귀화하는 것이 좋다"로 폭언을 내뱉으며 거부자에 게 등록증을 건네지 않는 등 강한 제재조치, 자치체에는 고발의 강요 등의 통달을 건넸다. 그리고 29일 상호 씨의 체포에 항의하여 지문거부를 한 막심 신부의 수차례 재입국허가를 취소했다.

상호 씨에게는 그 사이 수십 통의 항의문과 협박장이 전국 각지 에서 보내졌다. "일본에서 일본의 법률을 지키지 않는다면 한국으 로 돌아가라"고 하는 외사과장의 발언과 같은 것이 많았다. 게다가

페이지
132-134

필자
하라 치요코
(原千代子, 미상)

키워드
지문날인 거부운동,
이상호,
오사카부 경찰서,
일본사회

해제자
석주희

"조선인에게는 마약, 밀입국, 스파이 등의 범죄자, 비행생도가 많다. 지문이 범죄방지에 역할을 하는 사실을 알고 있지 않는가"라고 하는 등 일본사회의 배외주의, 민족차별과 편견에 직면하고 있다. 그 뿐인가, 지문을 거부하는 자를 지원하는 일본인(가와사키 시장을 시작으로 자치체노동자, 매스컴 등)은 놀라는 내용이 많다. '일본인과 재일조선인이 함께 살아가는 지역사회의 창조'를 녀량하여 지역실천을 추진해가는 우리들은 일본인과 조선인이 본명을 부르며 함께 배우며 노는 아이들의 모습에 둘러싸여 매일매일 생활하고 있다. 그러나 이 같은 협박장에는 "함께 살자"는 우리들의 필사적으로 분열시키려는 노력이 보인다.

일본인 사회에는 재일조선인이 일본에 거주하도록 하는 역사적 배경에 대해서 알지 못하며 보려고 하지 않는다. 우리들 일본인은 동시대에 살아가며 같은 일본사회에서 자라고 생활해 온 그들을 역사적인 존재로서 이웃에 살고 있는 주민으로서 받아들이지 않았다. 결코 '일본이 나쁘다'고 반성이나 사죄를 요구하는 것만이 아니다. 지금 재일조선인을 살아가게 한 일본의 역사의 방식, 현재 민족차별의 실태를 있는 그대로 보고 싶다고 말하는 것이다. 그것이 우선 "함께 산다"는 것으로 일보 내딛는 것이라고 생각한다. "악법이더라도 법은 법이다. 지문날인을 거부하는 것은 법 위반이다"라는 것이 일본인의 의식이지만 어디서부터 왜곡되어왔는지는 생각해 볼 문제이다.

법무성이 "힘"으로 거부자를 억압하고 외국인 등록법 개정운동을 파괴하려고 해도 거부자는 증가하고 있으며 통달을 무시하는 자치체의 움직임도 확산되고 있다. 지문날인을 거부해온 재일외국인 사이에 일본 사회의 민족차별, 외국인 등록법의 본질을 밝혀야 한다. 이 문제를 통해 일본사회에 있는 밖으로도 안으로도 모두 변화하도록 하는 투쟁으로서 어깨를 피지 못하는 생활 가운데 긴 호흡으로 걸어 나가도록 해야 한다고 생각했다.

나에게 있어 조선·일본
지문을 거부하여
[私にとっての朝鮮・日本] 指紋を拒否して

이규석은 학생으로 지문날인 거부 운동에 참여했다. 이 글에서는 지문날인 거부 운동에 대한 본인의 생각과 일본사회에 대한 외국인 차별 문제에 대하여 서술하였다. 재일조선인으로서의 자각과 조국의 분단 상황에 대해서도 차별문제와 관련하여 제기하였다.

"거부합니다" 지문날인을 요구하는 구청 직원에게 나는 확실히 이렇게 말했다. 5월 31일 오후 4시 30분을 조금 지났을 때였다. 내 등을 어루만지며 가능한 의기소침하지 않도록 북돋아주는 신아정 씨(1982년 지문날인을 거부하고 84년 유학을 위해 어쩔 수 없이 지문날인을 한 신인하 씨의 부친), 그리고 조선인·일본인의 마음에 있는 사람들의 지원을 바탕으로 나는 성명문을 읽기 시작했다.

집으로 돌아와서 자신의 외국인등록증의 새하얀 지문란을 지그시 보았다. 기분은 최고였다. 나 한 사람이 일본 정부라는 거대한 기관에 대항하고 부여받는 위험은 잘 알고 있다. 그러나 재일조선인으로서 스스로 기분에 솔직한 것으로 지문날인거부를 결단한 것은 일본사회에서 조선인이라는 것을 숨기지 않고 주체성을 가지고 살아가는데 커다란 플러스 요인이 된다고 생각했기 때문이다.

조국이 남북으로 분단되어 40년이 되었다. '조국'을 글자 그대로 읽더라도 한국과 조선으로 나눌 수 밖에 없는 것은 슬프다. 이러한 기분은 가볍게 '자네는 한국적, 조선적 중 어디인가'라고 말하는

페이지
134-135
필자
이규석(李圭錫, 미상)
키워드
지문날인, 거부운동, 일본사회, 차별, 재일조선인
해제자
석주희

단일 민족을 강조하는 일본인은 모를 것이다. 재일 3세인 나는 조국을 잘 알지 못한다. 다만 분석한 조국은 무척이나 괴롭다. 게다가 일본사회에서 조선인인 것으로 차별을 받는다면 누구인들 스스로의 운명을 한 번은 탄식할 뿐이다.

올해 봄, 텔레비전에서 한국영화인 '바람불어 좋은 날'을 방영했다. 나는 그 영화를 통해 한에서도 사람들이 힘든 생활을, 때로는 탄식하며 기분을 숨기는 슬픈 운명으로 몸을 맡긴 채 위기에 빠지는 것을 알게 되었다. 하지만, 꿈이나 희망을 가지고 살아가는 3명의 주인공에게 왠지 상쾌한 바람이 부는 것을 느꼈다.

지문날인은 많은 차별 가운데 하나에 지나지 않기 때문에 거부했을 때부터 새로운 투쟁이 시작되었다. 나는 지금 재일조선인으로서 눈을 뜨는 병아리이다. 그렇지만 바람이 부는 가운데 태어난 것을 행복하다고 생각한다. 바람을 뚫고 한 번이든 두 번이든 크게 되었을 때 보이는 아침 태양은 얼마나 아름다운가.

나에게 있어 조선·일본
'재일' 3세로서
[私にとっての朝鮮·日本] 在日三世代として

신미사는 오사카 출생으로 아트 매니지먼트이자 디렉터이다. 1999년 모리미술관 홍보 매니저, 아커스의 디렉터를 역임했다. 2010년 일본 아트페어도쿄의 이그제큐티브 디렉터로 활동했다. 도쿄예술대학에서 아트어드미니스트레이션 강의를 했다.

현재, 재일조선인 사회에서는 2세, 3세가 전체 대부분을 점하고 있으며 재일조선인을 둘러싼 여러 가지 상황이 변화하는 가운데 각각의 가치관도 다양화되고 있다. 그러한 가운데 우리들 3세대가 1세대로부터 2세대에 걸쳐 온 것을 다음 세대에 연결해 가는 방향성에 대해 묻고 있다. 즉 우리들은 장래 무엇을 해야 하는 것인가 하는 문제에 대해 직면하고 있는 것이다. 그것은 '재일'의 의미에 정면으로 직면하는 것으로 그 중 하나로서 우리들 3세대에게 조국은 무엇인가 하는 것이다.

지난 여름, 처음으로 한국을 방문하여 서울의 복잡한 길에서 조선어에 취하며 나는 바보스러운 것은 당연한 것이라고 생각하며 쇼크를 받았다. 생각해보면 태어나서 이런 많은 조선인 가운데 있었던 적은 처음이었다. 이상한 기분이 들었다. 길을 걸어가는 한 사람 한 사람에게 "자네, (일본인이 아니라) 조선인?"이라고 물어보고 싶은 심정이었다. 당연히 대답은 예스일 것이다.

타국에서 자라고 태어난 것으로 특히 재일조선인으로서 자신의

페이지
137-140
필자
신미사(辛美沙, 미상)
키워드
재일조선인, 차별, 탄압, 이민족, 동화
해제자
석주희

국가나 민족의 자각이 완전히 가능한 사람은 그다지 없을 것이다. 사회나 학교에서 통성명을 한 사람이 "나는 사실은 조선인입니다. 본명은 OO입니다"라고 극적으로 말한다면 놀라서 차별하는 사람도 양심을 가지고 "훌륭하네, 훌륭해"라고 칭찬하는 사람이 있을 것이다. 차별에 대해서는 꺼낼 생각은 없지만 훌륭하다고 칭찬하는 말도 상당한 거리감을 가지게 된다. 일본인 가운데 '응? 그게 어째서'라고 말하는 사람은 과연 어느 정도일까.

재일조선인문제는 결국, 차별문제가 아닌 어느 만큼 민족적인 것을 인식하고 있는가 하는 것이다. 조선인 이미지가 어두운 것이 된 것은 차별문제에 대한 대처의 방법으로서 고발하는 것만을 중시 해 온 것 때문이 아닐까. 그러나 고발만으로는 어두운 이미지가 확대되어 본래의 모습을 보기 어렵게 된다. 이러한 점에서 조선인은 차별, 탄압이라는 도식이 일본사회에서 재일조선인에 대한 이미지를 어둡게 하는 책임의 절반은 조선인 측에 있는 것이라고 나는 생각한다.

재일 3세대가 만약 조선반도가 장래 돌아갈 수 있는 조국이라고 생각하게 되어 지금부터 일본사회에서 살아간다면 그 최선의 방법은 무엇인가. 동화하지 않고 순수한 내셔널리스트도 아닌 나로서는 개인과 개인이 인정받는 자연스럽게 살아가는 사회에 있기 위해서 예를들어 조선어로 이야기하는 것이 2개 국어로도 좋은 지금과는 다른 시점을 갖는 사회를 형성해 나가고 싶다.

반론이 있을지도 모르겠으나 현재 일본인의 젊은 세대는 재일조선인이나 조선에 관한 문제를 정확하게 인식하지 못한 상황에서 편견도 없는 사람들이 많다. 누군가가 재일조선인에 대한 차별적인 의식이나 편견을 보이더라도 자의식 가운데 정착하지 않는다. 그것이 왜인가 하면, 예를들어 친구에게 조선인은 있지만 좋은 사람이야 라는 등 이러한 단순한 동기가 있기 때문이다. 세대가 변하여 점차 공존이 '동화'와 동등하게 되는 가운데 그들과 같은 감각을 가지는 사람들은 경박하다고 비판하지만, 실은 지금까지의 벽을 없애고 소중한 친구가 되는 것이다.

재일조선인이 많은 지역이라면 반드시 소수로 독립한 지역에서는 특히 일본인의 카탈로그적인 문화의 선택을 거부해서는 실마리가 없어지는 것은 아닌가. 예를들어 아무런 인식을 가지지 않은 사람이라도 "왜 자네는 조선인이면서 지금 여기에 있는 것인가?"라고 하는 아주 기본적인 질문이 시작되면 먹는 것도 음악도, 문화도, 언어도를 시작으로 하는 실마리는 많을 수록 좋은 것이 아닌가.

차별이나 탄압, 침략만을 말해서는 조선의 본래의 문화나 민족을 알지만 어느정도 효과가 있는지 나는 질문을 드러냈으나 이러한 문제를 없도록 하는 것은 해서는 안된다. 우리들 3세대에게 과거의 역사나 현상에 대한 인식도 필수사항이다. 그렇지만 기본적인 질문을 하는 일본인에게 가능한 사실을 정확히 간단하게 대답하기 위한 것으로 결코 모욕을 바라는 것이 아니기 때문이다. 지금 동화는 확실히 다르다고 말하는 것으로 즉 이민족과 이민족이 공존하기 위한 개인의 방식을 묻는 시대라고 생각한다.

온돌방

おんどるばん

페이지
254-256

필자
스에요시 카즈코
(末吉和子),
이용해,
이토마사노리(伊藤正則),
나카무라 타모츠(中村完)

키워드
재일조선인, 인권,
지문날인, 조선문제

해제자
석주희

지문날인 문제를 생각한다 도쿄도 다나시(田無)시·스에요시 카즈코(末吉和子)·주부·28세

'지금 젊은 사람들에게는 사회나 관리에 대하여 포기하는 것이 있다'는 신문기사를 최근 읽었다. 올해 여름부터 가을까지 외국인 등록증을 대량으로 교환하는 시기로 지문날인을 거부하는 재일외국인이 증가하고 있으며 매스컴 등에서 나오고 있으나 같은 사회에 살고 있는 일본인이 관리에 대해서 포기하는 것은 사태가 위기가 될 우려가 있다고 생각한다. 지문날인, 외국인등록증의 상시 연대라는 재일외국인에 대한 관리의 뒤에는 일본인의 관리도 교묘하게 추진하고 있다. 외국인등록법이라는 인권을 무시한 악법을 일본인으로서 30년간이나 존속해 온 책임에 있어서 반대의 목소리가 나오며 지문제도를 완전히 폐지를 해야 한다고 생각한다. 그렇게 하지 않으면 우리들 자신도 국민총배번호제도 등 착실히 추진하고 있는 관리 강화에 반발하는 것이 어렵게 된다. 현재 지문날인을 거부하고 있는 재일외국인의 4명 중 3명이 10대, 20대 일본에서 태어나고 자란 사람들인 것을 생각하면 그들의 용기 있는 행동이 포기하고 있는 것처럼 보이는 일본의 젊은이들은 쇠퇴하고 있는 것처럼 보인다. 나도 주변에 있는 쇠퇴한 사람이라고 생각한다.

인권의 보장은 나 자신 후쿠이현(福井県)·이용해·회사원·31세

『계간 삼천리』제42호에 게재된 강상중 씨의 논문 "'재일'의 현재와 미래의 사이"를 읽고 강한 공감을 느꼈다. 나도 재일조선인의 한 사람으로서 동포의 조선계 시민화, 일본사회의 내부화·세포화는 인권을 획득하는 운동을 매개로하고 있으며 우리들 인간으로서 진정한 해방에 결실을 맺어야한다고 생각하기 때문이다. 우리들이 추구하는 가치관이 우리들을 억압하고 있는 가치가 되어서는 안되며 일본사회 가운데 시민으로서의 권리가 양날의 검의 검인 것을 냉정하게 직시해야 한다고 생각한다. 재일동포의 진정한 인간적인 해방의 방법으로서 '재일' 상황의 방법화를 말하며 그 '도착점은 아득히 먼 곳으로 간 채'라고 강 씨가 쓰고 있으나 나는 그 과정을 현실화하는 것이 한국에서의 민주화운동이며 '재일'의 해방은 그곳에 깊이 공통되는 부분이 있다고 생각한다. 우리들의 인권을 보장하는 것이 일본 사회가 아니라 우리 스스로인 것을 계속해서 물어나가야 한다고 생각한다.

바라는 것 한, 두 가지 히가시야마토(東大和)시·이토마사노리(伊藤正則)·고등학생·17세

나는 고등학생이지만 재일조선인 친구도 많기 때문에 이전부터 조선에 대해서 깊은 관심을 가지고 있다. 『계간 삼천리』는 항상 재미있게 읽고 있지만 특히 제42호의 각 기사는 내용도 깊고 읽은 보람이 있었다. 이후에도 다음과 같은 과제에 대해 특집을 하면 좋겠다고 생각한다. 한 가지는 38도선으로 분단된 남북조선 문제에 대해서 여러 가지 각도로부터 보고 싶다. 또 한 가지는 민족학교를 다니고 있는 친구도 있기 때문에 그들의 학생생활이나 실정에 대해서 자세히 알려주면 좋겠다.

연재를 마치고 나카무라 타모츠(中村完)·도호쿠대학 교수

구상을 하면 이미 쓰기 시작하는 것이므로 안심하게 된다. 따라서 마감이 가까이 다가와서 매우 당황한다. 그리고 다음 회야말로 하고 생각하는 사이에 구상은 길고 집필은 짧은 채 볼품없이 연재 '훈민정음의 세계'가 전 호에서 마지막 회가 되었다.

써야하는 새로운 내용이 없는 것은 아니다. 게다가 내용이 알기 쉽게 몇 번이고 잘 알 수 있도록 하는 것은 쓰는 것에 대한 생각이 우선 명확하지 않기 때문이다. 예정된 매수가 부족한 것은 그림판으로 보충했다. 그러나 편집부는 멋진 레이아웃으로 나에게 그 의미를 발견시켜주며 귀중한 지면을 통해 나에게 여러 가지 반성을 하도록 새로운 경험의 장을 부여해 주었다. 마음으로부터 감사를 드린다.

편집을 마치고

編集を終えて

열대야가 이어지는 계절이 되었다. 이 계절에 되면 나는 "독립만세"를 부르는 군중의 열기에 뒤덮인 8·15의 더운 날이 생각났다. 이렇게 200만을 넘은 재일조선인은 '독립'한 조국에 우리보다 먼저 돌아갔다. 그러나 잠시 뒤 조선민족의 비극이 시작되어 미소에 의해 남북으로 분단되어 1천만 명이 넘는 이산가족이 발생했다. 그 분단 40년을 어떻게 모아야 할 것인가, 미소 냉전 구조만을 탓해서는 안되는 것인가, 분단된 민족의 '내부로의 책임'을 어떻게 생각할 것인가, 라는 반성이 강하게 나타났다. 본고에서는 이러한 시점에서 특집을 기획했으나 우선 강만길 씨의 글로부터 많은 것을 배울 수 있었다.

지난 7월부터 외국인등록증을 대량으로 교체하는 시기가 시작되어 지문날인을 거부하는 사람들이 증가하고 있다. 그 수는 천오백 명에서 이천 명 정도로 커다란 사회문제가 되고 있다. 본지에서는 39호에서 조금씩 이 문제를 제기하였으나 지문은 외국인 만의 문제가 아닌 일본사회 전체의 관리화에 관한 이상한 뒷모습이 있는 것으로 보인다. 개인적인 일이라 송구스러우나 지난 7월 초, 광개토왕비를 참관했다. 비석의 면에는 화석이 석화가 광범위하게 남아 있어 장춘의 심포지엄에서는 과학적 조사를 할 때 남북 과학자가 참가할 수 있도록 했다.

페이지
256

필자
이진희

키워드
남북분단, 지만날인,
일본사회, 광개토왕비

해제자
석주희

1985년 겨울(11월) 44호

소련의 2명의 김 씨

[架橋] ソ連の二人の金氏

페이지
14-17

필자
와다 하루키
(和田春樹, 1938~)

키워드
소련,
막심 파블로비치 김,
유리 김, 소련 조선인,
스탈린

해제자
임성숙

와다 하루키는 역사학자다. 도쿄대학교(東京大学) 문학부 서양
사학과를 졸업하고 동 대학 사회과학 연구소의 조수(助手), 교수
로 재직했다. 그리고 1998년 퇴임을 할 때까지 도쿄대학교에서 교
편을 잡았고 현재 명예교수다. 소련·러시아사 연구의 선구자이며
남북한 근현대사 연구도 지속해왔다. 학술활동 뿐만 아니라 한·
일간의 과거사문제를 비롯하여 한반도와 동아시아의 평화와 관련
한 시민운동에 앞장 서 온 일본을 대표하는 진보적 지식인이다.
2010년 전남대학교에서 '제4회 후광 김대중 학술상'을 수상 받았
다. 현재 도쿄대학교 명예교수이며 주요 저서는 다음과 같다. 『역
사로서의 사회주의(歴史としての社会主義)』(1992), 『김일성과 만
주항일전쟁(金日成と満州抗日戦争)』(1992), 『북조선 – 유격대국
가의 현재(北朝鮮—遊撃隊国家の現在)』(1998), 『동북아시아 공
동의 집(東アジア共同の家)』(2003), 『러일전쟁: 기원과 개전(日露
戦争)』(2009), 『북조선현대사(北朝鮮現代史)』(2012). 그 외 공저
로는 『현대한국·조선(現代韓国·朝鮮)』(2002), 『검증 일조관계
60년사(検証 日朝関係60年史)』(2005), 『동아시아근대사통사 19
세기부터 현재까지(東アジア近代史通史: 19世紀から現在まで)』
(2014), 『한일역사문제를 어떻게 풀 것인가: 다가오는 100년을 위
하여(日韓歴史問題をどのように解くか)』(2013)등이 있다. 이 글

은 저자가 생각나는 소련의 조선인 2명 - 막심 바블로비치 김(Макс
им Павлович Ким)과 유리 김(Юлий Ким) - 에 대한 글이다.

　김 씨는 교육, 연구의 면에서 인정을 받아 정치적으로도 공산당
에 특별히 충실했기 때문에 제2차 세계대전이 끝난 다음 해 공산당
중앙위원회 소속 사회과학대학의 교수로 임명되었다. 이 때 북조
선의 국가건설에 참여하기 위해 소련 각지에서 여러 분야에 있는
조선인들이 귀국했다. 김 씨한테도 귀국의 이야기가 있었다. 38살
이었던 김 씨는 자신이 젊지 않고 귀국하더라도 제대로 공헌할 수
있을지 몰라 이주하지 않았다. 당시 귀국하고 김일성대학의 교수
가 되었던 사람들을 보면, 김 씨 정도의 지위에 있는 사람은 없었
다. 김 씨는 이미 소련에서 성공의 길에 있었다.

　1950년부터 김 씨는 과학아카데미 역사연구소로 옮겨 1953년에
는 부장이 되었고, 1957년 창간한 소련 제2의 역사잡지의 편집장에
취임했다. 1979년 김 씨는 드디어 과학아카데미 회원으로 선출되
었다. 준회원에는 조선현대사를 전공하는 동양학연구소 부소장인
게오르기·김 씨가 선출되었지만 조선인으로 정회원이 된 사람은
막심·김 씨가 처음이고 현재 단 한 명뿐이다.

　이것을 일본 상황에서 보면 놀라지 않을 수가 없다. 일본 전후사
를 연구하는 지도자급 역사학자가 조선인이고 학술회의(学術会
議) 회원 혹은 학사원(学士院) 회원으로 선출되는 일은 일본사회
차별구조에서는 찾을 수 없다.

　김 씨는 당연히 소련 역사학의 이데올로기적 정통성을 지키는
역할을 하고 있다. 혁신파를 탄압할 때는 선두에 선다. 그러나 김
씨는 1960년 집단화의 비판적 연구를 추진하고 후에 보수파에서
비난 받은 띄어난 역사가인 데니로프 씨를 시종 감쌌다. 그래서
나는 왠지 모르게 그 사람에게 호의를 가진다.

　내가 생각나는 두 번째 조선인은 유리 김이다. 그는 소련 반체제

지식인이고 싱어 송 라이터이다. 그는 1936년 출생이기 때문에 역사가 막심·김 씨의 자녀세대에 속한다. 그의 부친은 막심·김처럼 코민테른에서 번역 일을 하다가 1937년 체포되었다. 처형되거나 라겔(강제수용소/лагерь)에서 죽었을 것이다. 유리는 '인민의 적'의 아이로서 고생했을 것이다. 그가 20살 때 스탈린 비판이 일어나고 그 때 아버지의 명예가 회복되었다.

대학 졸업 후 학교 교사였던 유리·김은 1960년대 자작곡을 부르기 시작했다. 그 때 시작했던 일련의 재판에 항의하는 성명에 항시적으로 서명하게 되었다. 그 결과 그는 교사 일을 잃었다. 그가 1986년 1월 야키르(Якир), 가바이(Габай)와 함께 예술인, 지식인들에게 "침묵을 통해 새로운 37년이 오지 못하게 하자"는 편지를 썼던 행동은 잘 알려져 있다. 이 때 3명의 서명자 중 처형된 장군의 아들인 야킬은 1973년 9월 옥중에서 전향을 성명하고, 가바이는 그 다음 해 아파트의 11층에서 투신자살했다. 유리·김만이 사회적 활동은 그친 채 노래를 계속 부르고 있다.

유리·김의 강인한 풍자 정신은 그의 안에 있는 조선인성(朝鮮人性)으로부터 오지 아닐까. 한 번 만나보고 싶다.

가교
메아리
[架橋] こだま

김성휘는 중국 조선족문단의 대표시인이다. 중국 지린성(吉林省) 룽징시(龍井市)에서 출생하고 연변인민출판사 문예편집, 연변작가협회 상무부주석을 역임했으며 중국작가협회 회원 1급작가로 활동했다. 『나리꽃 피었네』, 『들국화』, 『금잔디』, 『장백산아 이야기하라』와 같은 시집을 창작했다. 김성휘의 이름은 20세기 중국 소수민족 100명 작가평전에 수록되었고, 그의 활약은 조선족의 현대시 발전에 큰 기여를 했다. 저자는 이 글에서 산 메아리를 생각하면서 어릴 때 슬프거나 기뻤던 추억을 떠올리며 고향과 가족, 친구에 대한 그리움을 표현한다.

소나기에 씻겨 하얗게 맑은 두만강가의 벼랑길을 오르내리면서 유년기를 보냈던 나는 자주 꿈속에서도 나를 부르는 메아리에 놀라 눈을 떴다. 누나의 손에 이끌려 학교에서 돌아오는 바위투성이의 길에서 나는 두만강의 깊은 물속으로 들어간 사슴을 쫓아 아이들과 목청껏 외쳤다. 두만강 양 기슭의 절벽이 우리에게 호응하는 산 메아리. 놀란 사슴이 강을 건너오다가도 바로 돌아가고, 가다가도 다시 오는 모습에 완전히 매혹된 나는 그만 다리를 헛디뎠다. 절벽 아래에는 두만강의 검푸른 소용돌이, 썰매를 타듯이 떨어져 내리는 나는 누나가 외치는 소리의 메아리에 퍼뜩 정신이 들었다.

페이지
17-18
필자
김성휘
(金成輝, 1933~1987)
키워드
메아리, 두만강, 고향, 조국, 나리꽃, 산
해제자
임성숙

193

"나무! 나무! 나무…" 나는 꿈에서 양 손에 잡을 수 있는 것은 무엇이든 잡으려고 필사로 발버둥을 쳤다. 아찔하고 위험한 순간 다행히 내 손에 잡힌 것은 나리의 백합나무 그루였다.

"메아리, 내 가슴 속에 울리는 메아리는 고향의 산에 남아 있는 누나의 부드러운 소리와 이어져 친구들의 웃음과 노래 소리로 이어진다. 고향의 산에서 부르면 산도 나무도 마음을 떨리게 하고, 마음 속 깊은 곳의 생각을 멀리 멀리 전달하는 메아리"

지금 '백두산의 메아리' 속에서 문학의 꽃밭에서 고향의 산천을 그리워하고 친구를 그리워하고 청춘의 메아리를 반추하는 이유는 바로 머리 위에 열린 그 푸른 하늘 아래 따뜻한 햇볕을 쬐는 우리의 문단이 있기 때문이다. 그리고 모든 작가, 예술가들에게 우리 모두의 둘도 없는 고향, 하나의 조국의 품에서 여러 아름다운 꽃을 키워 양 손에 가득 안고 오기를 호소하기 때문이다.

세월을 넘어 공간을 뚫고 저 멀리 울려 퍼지는 고향의 메아리, 산간의 메아리, '백두의 메아리'여!

가교
모스크바에서 본 '조선'
[架橋] モスクワで見た「朝鮮」

미즈노 나오키는 역사학자다. 교토대학(京都大学) 문학부 사학과 현대사학을 전공하고 교토대학 대학원 인문과학연구과에서 박사학위를 취득했다. 1991년부터 2016년에 퇴직할 때 까지 교토대학교 인문과학연구소 교수로 재직했다. 연구분야는 한반도근대사와 동아시아 관계사이며 일본의 식민지지배 정책과 조선사회의 대응에 관한 연구를 이끌어 왔다. 주요 저서로는 『창씨개명(創氏改名)』(2008)이 있고, 공저로는 『근대 일본의 동아시아문제(近代日本における東アジア問題)』(2001), 『생활 속의 식민지주의(生活の中の植民地主義)』(2004), 『도록 식민지조선에서 살다(図録 植民地朝鮮で生きる)』(2012), 『재일조선인: 역사과 현재(在日朝鮮人:歷史と現在)』(2015) 등이 있다. 학술활동과 함께 한일 과거사 문제와 일본 내 외국인 인권문제 해결과 같은 시민사회 운동에도 참여하고 있다. 이 글은 저자가 1985년 소련 모스크바에서 조선사 관계 문헌 및 자료를 조사하기 위해 50일 동안 체류했을 때 있었던 일에 관한 글이다. 저자는 모스크바에서 도서관, 연구소, 길거리, 매점, 서점, 미술관, 박물관, 그리고 식당과 같은 공간을 다니면서, 조선과 관련한 것들을 찾아 기록했다.

모스크바의 길거리에는 키오스크(киоск)라고 불리는 매점이 많

페이지
18-21

필자
미즈노 나오키
(水野直樹, 1950~)

키워드
모스크바, 소련, 북조선,
매체, 박물관, 음식

해제자
임성숙

195

다. 신문·잡지의 키오스크, 연극과 음악회 표를 판매하는 키오스크 외에도 정육점 키오스크도 있다. 앞을 지날 때 마다 무엇을 파는지 들여다보니 카리닌거리의 신문 키오스크에 조선노동당 기관지인 『로동신문』이 있었기에 한 부 샀다. 2코페이카(약 6엔)였다. 3월 14일자 신문을 19일에 팔았기 때문에 5일 늦은 셈이다. 소련의 우호국, 형제당의 신문·잡지는 키오스크에서 많이 팔기 때문에 조선노동당의 기관지가 있어도 이상하지 않지만 독일어나 프랑스어와 달리 조선어를 읽을 수 있는 사람은 많지 않으니 길거리의 키오스크에서 어느 정도 팔릴지 다소 마음에 걸렸다.

소련군 중앙박물관으로 가봤다. 러시아혁명 후로부터 현재까지 소련군의 역사를 전시한 큰 박물관이다. 내전·간섭전기(干涉戰期)의 전시실에서 이동희(李東輝)와 함께 한인사회당을 조직한 알렉산드라·페트로브나·김 스탄케비치(Александра Петровна Ким Странкевич)의 사진과 시베리아전쟁에서 활약한 한창걸(韓昌傑) 지휘아래 있었던 조선인 빨치산부대의 사진을 찾았다. 스탄케비치 김의 사진에는 "하바로프스크지방 실행위원회 외무인민위원. 1918년 백군(白衛軍)에 의해 학살됨"이라는 설명이 있었다.

제2차 대전시기에 관한 전시의 마지막에는 소련군에 의해 해방된 나라에 대한 내용이 있었다. 연월의 순으로 부쿠레슈티, 베오그라드, 바르샤바의 각 도시 사진이 있고 마지막에 "평양·1945년 8월 24일"이라고 적혀있다. 평양 사진 아래에는 김일성과 치스차코프(Чистяков) 장군이 악수하는 사진이 있었고, 그 설명에는 '제25군을 지휘하는 치스차코프 육군대장이, 일본인 식민자 소유 공업회사의 조선인민으로의 이관에 즈음하여 김일성 동지에 축사를 표한다. 1945년'이라고 쓰여 있었다. 그 가까이에는 북조선노동당 평안남도 위원회가 1948년 소련군에 보낸 감사의 깃발도 걸려 있었다. 스탄케비치·김이나 한창걸 부대의 사진은 주의 깊게 보지 않으면 빠뜨릴 정도의 분량이었는데, 이에 비해 소련군에 의한 평양

해방의 전시는 관람객들에게 상당히 강한 인상을 주지 않을까 고 생각했다.

모스크바에는 소련 국내 민족음식이 있는 식당과 쿠바나 베트남 등 우호국의 민족음식 식당이 있어 모두 손님들로 만원이었다. 우호국이라고는 말할 수 없는 중국, 일본의 식당도 있다. 그런데 조선 식당이 없는 것은 납득하지 못했다. 소련에는 소수민족인 '조선족'이 있고 북조선은 소련의 우호국이기 때문이다. 그리고 딱딱한 고기만 먹는 소련사람들은 조선식 불고기에 놀라울 것이다. 김치나 그 외 음식에도 틀림없이 좋은 호응이 있을 것이다. 모스크바에 조선식당을 하나 만들면 조선에 관심이 없는 사람들도 새로운 눈으로 조선을 보지 않을까.

소련중앙아시아의 조선인

[対談] ソ連中央アジアの朝鮮人

페이지
22-33

필자
강재언
(姜在彦, 1926~2017),
기무라 히데스케
(木村英亮, 1935~?)

키워드
김일성주의,
마르크스주의, 인간,
민족, 2세, 역사관

해제자
임성숙

강재언은 조선근대사, 사상사를 연구하는 재일조선인 역사가이다. 1926년 제주도에서 태어나 1950년 일본으로 건너갔다. 1975년부터 1987년까지 『계간 삼천리』의 편집위원을 역임하고 1981년 교토대학(京都大学)에서 역사학으로 박사학위를 받은 후 교토 하나조노대학(花園大学) 교수로 재직했다. 1993년에는 '해외동포상'을 수상했다. 대표적인 저서로 『조선근대사연구(朝鮮近代史研究)』(1970), 『조선의 개화사상(朝鮮の開化思想)』(1980), 『조선근대의 사상(朝鮮近代の思想)』(1971), 『조선근대사(朝鮮近代史)』(1986), 『만주의 조선인 빨치산: 1930년대 동만·남만을 중심으로(満州の朝鮮人パルチザン: 1930年代東満·南満を中心として)』(1993), 『조선통신사가 본 일본(朝鮮通信使がみた日本)』(2002)등이 있다.

기무라 히데스케는 요코하마 국립대학교(横浜国立大学) 교육학부 교수를 역임하고 현재 동 대학 명예교수이다. 전공분야는 국제관계론과 소련 및 러시아 현대사이며 소련시대와 소련 해체 후의 민족문제를 연구했다. 주요 저서에는 『소련 역사: 러시아부터 페레스트로이카(ソ連の歴史 : ロシアからペレストロイカ)』(1991), 『스탈린 민족정책의 연구(スターリン民族政策の研究)』(1993), 『21세기 일본과 세계: 국제관계론 입문(21世紀の日本と世界 : 国際関係入門)』(2002)등 있다.

이 글에서 두 대담자는 소련 중앙아시아 조선인들의 이주역사와 소비에트시대 민족정책, 그리고 소비에트 붕괴 후 조선인 사회와 정체성의 변화에 대하여 성찰한다.

중앙아시아의 조선인 강제이동

강: 일본에서는 잘 알려져 있지 않는데, 스탈린 숙청과의 관계는 어떤가. 숙청대상에는 시베리아의 조선인운동의 지도자급이었던 사람도 포함된다. 예를 들면 코민테른 창립당시부터 집행위원이었던 박진순(朴鎭淳)이나 그 후 소련국적을 취득했지만 오하묵(吳夏黙) 등 그런 사람들이 다 숙청되었다.

기무라: 소련의 각 민족공화국의 간부, 수상, 제1서기 등 그런 사람들이 탄압되었다.

강: 즉 민족주의적 편향이라든가 그것이 '적'으로 통한다든가 그런 3단 논법으로 진행되었는가.

기무라: 민족주의적 편향이 있었는지는 모르겠지만.

강: 중앙집권화 하는 과정에서 그러한 낙인을 찍는다. 즉 자치주, 지역의 이익이나 민정(民情)을 우선으로 하면 그렇게 된다.

기무라: 조선인의 이동도 이 대숙청이 한창일 때 있었고, 일본을 통해서 진행되었다. 즉 일본과 관계가 있다.

강: 즉 연해주에서 1937년 9월부터 민족이동이 시작했고 그 2개월 전인 7월 7일 중일전면전쟁이 시작했기 때문에 이것이 깊이 연관된다.

기무라: 그렇다. 일본의 침략정책은 조선인의 이동뿐만 아니라 대숙청과 관계가 있다. 일본이나 독일과 전쟁이 시작할지 모른다, 그 전에 스탈린에 반대할만한 자를 배제하려고.

강: 결국 소련에 있었던 조선인의 이동은 일·소간의 긴장상태에서 터졌다.

재소 조선인의 현재 상황

기무라: 과거 중앙아시아의 조선인 콜호즈를 방문한 오자키 히코사쿠(尾崎彦朔) 씨의 방문기(본 잡지 제6호 게재)에도 나와 있었는데, (조선인) 콜호즈 의장이 "우리는 여기를 세운 소련인이다"고 말한다. 조선인인 의식과 동시에 소련인이라는 의식도 강하게 존재한다.

강: 어느 쪽인가 하면 소련인이라는 의식이 강하다. 자신의 뿌리에 대한 관심도 있겠지만.

기무라: 그것은 조선인들 만에 제한되지 않고 소련의 경우 민족의식과 동시에 소비에트인민이라는 의식이 있고, 후자의 의식이 점점 강해지고 있다.

강: 언어문제는 재일조선인의 경우도 포함하고 어려운 문제다. 재일조선인의 경우 조선본토와 가깝다. 그러나 저렇게 조선본토와 떨어진 중앙아시아에서, 그것도 세대적으로 보면 3세대, 4세대가 있다고 보는데, 그럼에도 불구하고 60%이상이 러시아 외 조선어를 모어로 하는 것은 대단한 일이다. 소비에트연방의 민족정책은 소수민족의 독자성을 살리는가.

기무라: 네, 그러나 병역을 간다거나 고등교육을 받으려면 러시아어를 공부해야 한다. 강제는 아니지만 점점 러시아어는 러시아 민족 외 소수민족들도 사용하고 있다.

일본의 국제화와 재일조선인

강: 또 하나의 문제는, 소련 조선인들의 국적은 대부분 소련국적이고, 중국에서도 99%가 중국적이고, 그 국가에서 소수민족으로서 조선민족이 된다. 미국의 경우도 국적을 취득하고 한국계 미국인이 된다. 그러나 재일조선인 만은 조선적(朝鮮籍) 혹은 한국적(韓国籍)이고, 즉 해외공민이라는 말을 쓴다. 미국의 지인은 이것을 잘 이해하지

못하고, 일본에서 태어나서 자랐는데 왜 일본국적이 아닌지 자주 물어본다. 그 이유는 역시 일본과 조선의 역사적 관계에 있다.

가무라: 일본에는 조선인에 대한 정책이 없다. 소련의 경우 1920년대 후반부터 1930년대 전반까지, 예를 들면, 우크라이나민족에 대해서는 정부가 우크라이나어를 러시아어보다 중요시하는, 역으로 민족적인 것을 보호하고 발전시킬 정책을 취했다. 그런 정책이 있어야 한다. 아무런 정책이 없으면, 일본인과 같다는 것 외 아무것도 없는 샘이 된다.

조선인에게만 적용하는 법률을 만들면 이상하지만 그래도 소련 경우처럼 처음은 역차별이라고 하더라도 그런 정책이 필요하다.

강: 일본에 살면서 부러운 점은 미국이나 소련, 중국에서는 조선인이 지적 분야에서 상당히 활약하고 있다. 소련의 경우 모스크바대학교를 비롯하여 대학이나 연구기관에서 활약하고 있고 정부 요직에서 일하는 조선인이 있다고 들었다. 각 공화국에는 더 많을 것이다. 그러나 일본에서는 대학에서 조선인이 일본인과 어깨를 나란히 하고 공부하더라도 그 후 배운 것을 일본사회 안에서 살릴 수 있는 가능성이 폐쇄되어 있다.

기무라: 일본은 그러한 의미로 세계에서도 특수하고 민족을 의식하지 않고 생활한다. 그리고 종교가 없다. 즉 특정한 입장이나 원칙을 가지고 다른 입장인 사람과 협력하는 경험이 부족하다. 그래서 재일조선인을 생각하는 일은 일본을 국제화할 경우 일본인들에게 중요하다.

나는 일본인들이 외국인에 대한 편견, 배제, 그런 것을 그다지 자각하지 않고 있다고 본다. 그러나 외국인을 구별한다.

강: 새로운 시대에 따라 일본사회도 해외에 나가기 위한 국제화가 아닌 내부의 국제화가 문제로 되고 있다. 다른 나라에서는 당연한 일로 대처하고 있다.

중앙아시아에 쫓겨난 사람들 – 스탈린주의와 조선인
中央アジアへ追われた人びと―スターリニズムと朝鮮人―

시가 마사루는 일본독서신문(日本読書新聞) 편집자로 활동한 후 저술 및 번역활동을 하면서 문화학원(文化学院) 강사를 역임했다. 『아무르 중소국경을 달리다(アムール 中ソ国境を駆ける)』(1986), 『민족문제와 국경(民族問題と国境)』(1994)과 같은 저서를 집필했다. 이 글은 소련 조선인들의 강제이주의 국제적 요인과 국내요인을 분석한 글이다. 필자는 한편으로 일본의 첩보원으로 이용된 조선인과 중국인에 관한 소련의 공식 정보에 따른 사실을 인정한다. 그러나 또 한편으로 필자는 소련국내 사정에 눈을 돌렸을 때 소련은 국제적인 긴장 속에서 자국을 방위하고 극동 연해주 지역 갈등을 폭력적인 방식으로 해결하고 국내의 계급적, 민족적 모순을 해결하기 위해 희생양(scapegoat)으로서 조선인을 탄압했다고 주장한다.

페이지
45-53

필자
시가 마사루(志賀勝, 1949~?)

키워드
소련, 중앙아시아, 스탈린, 조선인, 강제이주, 연해주

해제자
임성숙

W・콜라즈(W. Kolarz)는 이 문제를 다룬 선구적인 책『소비에트 극동의 민족(ソヴェト極東の諸民族)』(The People of the Soviet Far East, 1954)에서 서구민주주의 진영도 일・독 반 코민테른 블록도 조선인 추방의 문제에 아무런 관심을 표시하지 않았다고 한다. 그러나 일본에 관해서는 틀렸다. 1937년 11월 14일 주 소련대사관 참사관의 니시 하루히코(西春彦)는 극동부장인 가즈로프스키를 찾아가고, 연해주지방에서 투르키스탄지역으로 강제이주 시킬 조

선인의 국적은 일본측에 있기 때문에, 소련관헌이 독단적으로 이주를 강제하는 것은 일·소간의 기본조약 제4호(거주의 자유)의 규정을 감안하면 그냥 넘어갈 수 없다고 '엄중항의'했다.

11월 27일 소비에트외무인민위원부는 일본측의 '항의'에 회신했다. 소비에트시민인 조선인에 대하여 일본대사관으로부터 간섭 받을 도리가 없다는 것이었다. 일본측이 조선인을 '일본국민'으로 보고 '항의'를 하고, 소련측은 '소련시민'으로 응답하는 이 구도야말로 조선인을 억압하는 근본적인 원인이었다. 필자는 과거 "일본은 대외적으로 '일본신민'보호를 구실로 하고, 조선인들에 대해서는 끊임없이 지배·억압을 강화하는 교활한 양면을 갖추고 있었다"고 했는데(본 잡지 40호), 조선인 강제추방에 대한 일본의 대응 역시 '신민'으로서 이용하는 사례였다. 그 일본이 조선인을 우스리 지도에서 말살한 책략의 근원지(策源地)로 기능했다면 이것은 얼마나 뻔뻔스러운 일인가. 일본은 청일전쟁·러일전쟁 이후 조선인을 본국 조선에서 쫓아내고 그 다음 우스리지역 추방에 결정적인 역할을 연출했다. 이것이 '만주국'의 출현과 소련·'만(滿)'의 국경분쟁의 격발이었다.

왜 조선인이 강제적으로 중앙아시아에 추방되었는지, 국제요인만으로는 조선인에 대한 불신과 강제를 이해할 수 없다. 다음으로 어떤 국내요인이 있었는지를 보자.

러시아혁명은 조선인들에게 해방을 의미했는가 라는 문제는, 토지혁명의 사실을 통해 알 수 있다. C·아노소프(C. Аносов)는『우스리지역의 조선인』(1928)에서 1923년 토지를 소유하는 조선인 가족 수는 2290이었고, 1923~1926년 사이에는 블라디보스톡지역의 1만 8,809가구 중 8,007가구는 토지를 분배받았다. 그러나 남은 1만 892가구는 토지 없는 농민으로 남았다는 중요한 지적이 있다(Wada Haruki, The Koreans of the Russian and Soviet Far East). 조선인의 국적문제는 이 토지분배의 불평등과 깊이 관계가 있을 것이다. 러시아혁명 후 9년, 시베리아전쟁의 종결로부터 4년이 지난 시점에서 많은 조선인들의 생활은 크게 변혁되지 않았다.

1929년 농업집단화를 강행하고 '굴라그(ГУЛАГ) 박멸'의 폭풍이 전 지역을 압도했다. 조선인 굴라그도 타도되었다. 그러나 이 집단화는 농민의 주체적 의지와 무관하고 위로부터 명령된 것이었다. 1929년과 1930년에는 조선인 대부분이 집단농장에 조직화된다. 간접적 자료지만, 집단화 비율은 1932년 예정된 쌀 파종면적이 소프호즈 6030헥타르, 콜호즈 1만 814헥타르, 이에 비해 개인농은 고작 200헥타르 밖에 되지 않았다는 숫자를 통해서도 알 수 있다. 이 집단화 강화로 중대한 문제가 발생했다. 조선인과 러시아인의 민족적 대립이다. 블라디보스톡에 가까운 연해지방(沿海地方)에 집단농장이 만들어졌을 때 지방당국은 조선인을 희생하고 러시아인에게 특권을 주었다.

또 한 가지 민족모순이라는 점에서 아주 중대하고 생각할 만한 사례를 코라즈는 지적한다. 농업집단화 초기에 멀리 돈(Don)지역으로 온 조선인의 말에 의하면, 빈농이었던 조선인은 당원을 비롯하여 '굴라그 박멸'의 선봉으로 소비에트체제에 봉사는 역할을 다했다고 한다. 당시 원주민인 카자크(cossack)농민은 조선인의 이주와 '탈 굴라그화'사이에 관계가 있다고 보고, 그들과 조선인 농민들 사이에서 민족투쟁이 일어났다. 이것은 '분할하고 지배'하는 소비에트민족정책의 대표적인 사례라고 한다. 스탈린식 '계급투쟁'은 민족 간 분쟁의 모양으로 분출되고 악은 조선인으로 전화(転化)되는 견디기 힘든 사례다. 제국주의식 교지(狡智)가 이 시대 소비에트를 이미 지배하고 있었다.

이미 잘 알려져 있듯이 오늘날 재 소련 조선인들은 독립된 민족 자치단위를 가지고 있지 않다. 그러나 과거 민족구가 있었고 교육을 비롯한 민족적 활동이 있었던 것은 조선인과 러시아인의 관계를 둘러싸고 '대러시아배외주의(大ロシア排外主義)'를 도마 위에 올리는 시도가 결코 없지 않았고, 이는 주목해야할 영위였다.

재일조선인과 언어문제

在日朝鮮人と言語問題

야마모토 마유미는 아시아지역을 연구하는 문화인류학자다. 오사카외국어대학(大阪外国語大学) 인도·파키스탄어학과에서 힌디어를 전공하고 오사카대학(大阪大学) 대학원 법학연구과에서 석사를 수료했다. 그 후 자와할랄·네루대학(Jawaharlal Nehru University) 대학원 남아시아연구과를 중퇴하고 고베대학(神戸大学) 대학원 문화학연구과를 중퇴했다. 1995년부터 1997년까지 네팔의 일본대사관에서 전문조사원으로 근무하다가 일본 야마구치대학(山口大学) 인문학부 교수를 역임하고 2010년에 퇴직했다. 주요 저서에는 『네팔인의 삶과 정치(ネパール人の暮らしと政治)』(1993), 『수소와 신호〈이야기〉로서의 네팔(牡牛と信号〈物語〉としてのネパール)』(2002) 등이 있다. 공저로『언어적 근대를 넘어(言語的近代を超えて)』(2004),『유동하는 네팔: 지역사회의 변용(流動するネパール: 地域社会の変容)』(2005),『문화와 정치의 번역학(文化と政治の翻訳学)』(2010)과 같은 저서를 집필했다. 이 글은 저자가 '모어(母語)'란 무엇인가라는 질문으로부터 출발하여 국가와 언어의 관계, 나아가 근대 국민국가가 지니는 민족의 문제를 재일조선인과 일본의 관계를 바탕으로 비판적으로 분석한다.

모어가 의미하는 것

근현대에 있었던 대규모 인구이동 – 이민 – 의 움직임이 나타나

페이지
154-163

필자
야마모토 마유미
(山本真弓, 1958~?)

키워드
'모국어','국민국가,
민족, 조선어,
언어정책, 정체성

해제자
임성숙

기 전 세계에서는 개인에게 모어란-가장 잘 자기표현을 할 수 있는 언어-는 어원적 의미로서의 모어-어머니의 말-과 일치했다. 한 인간은 태어나서 죽을 때까지 평생 한 지역에서 정주하고 가족을 만들고 가족을 통해 문화습관을 다음 세대에 전달하는 것이 보통이었다.

대규모 인구이동을 야기한 근현대라는 시대는 픽션으로서의 국민국가(nation-state)가 중앙집권적 성격을 강화하면서 근대화하는 과정이었다. 그리고 그렇게 성립된 근대국가는 국가권력이라는 폭력장치를 사용하고 종종 어머니로부터 아이에게 자연스러운 형태로 흐르는 언어의 계승을 저지해왔다. 국가가 가정 내 언어 계승을 저지할 때 두 가지 형태가 존재한다. 하나는 국가권력에 위한 인구이동-강제이주-이며 또 하나는 언어정책이다. 전자는 특정 언어공동체에 속하는 사람들을 다른 언어공동체에 이동시켜 거기서 다음 세대를 형성시키는 방법이다. 후자는 학교교육, 출판·방송활동 등을 통해 특정 언어 보급을 추진하고 그 결과로서 다른 언어를 사용하는 가정 내의 어머니로부터 아이에게 전해지는 언어계승을 막아 그 언어를 쇠퇴시키는 방법이다.

조선어를 구사하는 어머니를 가진 일본출생인 재일조선인들에게, 혹은 유년기에 일본으로 건너 온 재일조선인 1세에게 모어는 꼭 '어머니의 말'을 의미하지 않는다. 어머니가 속하는 언어공동체와 아이가 속하는 언어공동체가 다르기 때문이다. 이 때 모어는 '어머니의 말'이라는 그 어원적 의미를 상실한다. '어머니'라는 말의 느낌은 대개 심정적인 것을 포함한다. 따라서 모어라는 개념이 의미하는 것이 꼭 '어머니의 말'과 일치하지 않는다는 현실은 통상 '어머니'를 갈망하는 인간에게는 하나의 배신일 수밖에 없다.

근대국가와 언어정책
예를 들면 스리랑카에서는 1956년 인구의 70%가 구사하는 싱할

라어를 유일한 공용어로 하는 법률이 성립되었다. 그 결과 인구의 20%를 차지하고 그 일부는 도시에서 교직에 있거나 변호사나 저술을 업으로 삼았던 타밀어를 하는 사람들은 일을 잃었다. 헌법으로 언어의 지위를 문제로 할 필요가 없는 일본인들은 이러한 사태를 이해하지 못한다. 그러나 이것은 자주 말하듯이 일본이 '단일민족 국가'라서가 아니다. 근대국가로서 일본과 일본을 지탱한 일본인이 자신의 말과 다른 언어를 쓰는 사람들 – 오키나와, 아이누, 중국인, 조선인을 비롯한 아시아 사람들 – 과 역사적으로 어떻게 관계를 맺어 왔는가라는 타자 – 자신과 다른 문화를 가진 자 – 와의 관계의 방식 속에 그 원인을 찾을 수 있다. 일본어를 모어로 하는 많은 재일조선인들에게 조선어가 '상실된 모어(lost mother tongue)'인 사실에는, 일본어를 스스로의 모어로서 인식하는 것에 대한 재일조선인의 '거부'의식이 있고, 그러한 언어의식은 그대로 일본과 조선반도의 역사적 관계를 나타낸다.

이렇게 언어는 항상 정치와 관련되고 정치조직의 최고 형태인 국가와 언어의 관계에서 가장 현저하게 나타난다.

식민지 하 조선에서 조선어 발전에 힘을 썼던 조선어학회는 1942년 당시 일본식민지 정부에 의해 해산되고 그 간부들은 정치범으로 체포·투옥되었다. 그 때보다 전인 1937년 중일전쟁이 시작했을 때 조선교육령 개정으로 학교에서 조선어교육·사용이 금지되었고, 1939년 10월에는 조선문인협회가 만들어져 일본어로 창작활동을 할 것을 강요했다.

언어와 정체성 – 재일조선인과 일본어

재일조선인은 일반적으로 '일본어를 모어로 하는 조선인'으로서 자기인식을 강요받는다. 그러나 이것이 '조선어를 하지 못하는 조선인'이라는 자기부정적 인식과 연결되면 조선반도에 사는 사람들의 모어이며 어머니로부터 아이에게 계승되지 않는 의미로 '상실된 모어'인 조선어의 '회복' – 이것은 '습득'이라고 해야 할 과정이다 – 이 집요하게 요구되는 셈이다. 그러나 조선반도에 사는 조선인이 조선어를 하는 것은, 그것이 그들에게 '민족'의 언어라서가 아니고 더구나 그것이 국적에 의해 소속하는 국가의 '국호'라서가 아니다. 부모 혹은 가까운 사람들이 사용하는 언어가 태어날 때부터 익숙한 언어 즉 그들의 모어이기 때문이다.

일본 출생인 제일조선인이 일본어를 하는 것은 과거 자민족의 국토를 지배한 일본이라는 국가의 '국어'를 그들이 선택했기 때문은 아니다. 그들이 일본에 생존하게 된 역사적 배경, 그 속에서 개인적 사정이 어떠하든지 간에, 일본에서 태어나 일본어를 하는 사람들 사이에서 자랐다는 사실은 개인의 선택을 넘어서는 일이다. 사람은 스스로의 모어를 선택하지 못하고, 모어가 항상 어머니의 말과 일치하지 않음을 의미한다.

언어와 정체성 – 재일조선인과 조선어

재일조선인을 둘러싼 언어의 문제는 두 가지의 형태로 논의될 필요가 있다. 하나는 '재일조선인과 일본어'이고, 또 하나는 '재일조선인과 조선어'라는 형태이다. 전자는 정체성 위기의 문제이고 후자는 정체성 확립의 문제와 깊이 연관된다. 후자에 대하여 처음 제시한 문제 – 일본어를 모어로 하는 현재 재일조선인들에게 조선어를 배우는 일이 왜 요구되는가 – 를 생각하기 위한 몇 가지 시점을 제시한다.

재일조선인문제를 생각할 때 필요한 것은, 일본정부의 조선인정책을 지탱한 민족문제로서 재일조선인문제가 가지는 특수성에 대한 인식이며, 또한 일본정부와 일본사회의 존재양식에 대하여 어떤 형태로 이의를 제안할 것인가 라는 구체적인 방법의 모색이다. 다른 말로 표현하면, 원래 일본인과 다른 존재여야 할 재일조선인이 다시 이질성을 주장하고 그 사실을 메우는 작업에 지나지 않다. 이 때 이질성의 주장이란 정체성 확립을 의미하고 그 과정에서 언어가 지니는 역할은 지극히 크다.

다음으로 재일조선인이란 꼭 조선반도의 한 쪽 국가의 국적을 가지는 사람만을 말하지 않는 점, 즉 재일조선인이라는 말이 의미하는 다양화의 문제가 있다. 현실에서 생활하는 인간의 존재양식은 다양하다. 그것은 인간사회가 문자로 이야기되는 것보다 훨씬 많은 드라마를 포함하고 있기 때문이다. 조선어는 국적을 대체하는 것으로 삶의 방식의 공통의 자세를 나타내는 상징의 역할을 지니게 된다.

온돌방

おんどるばん

교사가 되면 야마토고리야마시(大和郡山市)·오카 나쓰코(岡奈津子)·대학생·21세

나는 현재 교육대학에서 중학교 사회과(특히 일본사)를 전공하고 있다. 앞으로 교직에 취직하고 싶다.

지문날인문제에 대해서는 신문 등에 자주 언급이 되었을 때부터 관심이 있었는데, 만약 교사가 되면 아이들에게 어떻게 가르칠 것인지, 과연 올바르게 설명할 수 있을지 불안했다. 그러던 와 중에 본 잡지 42호를 찾았고 바로 구매했다. 「재일외국인과 지문날인」이라는 특집내용은 풍부하고 특히 패전 후부터 현재에 이르기까지의 역사적 과정을 잘 알 수 있었다.

고국의 풍경을 회상하다 이타미시(伊丹市)·미나미 히데코(南 秀子)

발간을 몹시 기다리는 와 중에 『계간 삼천리』 제42호를 자세를 바로 잡아 읽었다. 특히 오오무라 마스오(大村益生) 씨 편 역『조선근대시집(朝鮮近代詩集)』속의 이상화(李相和) 「조선병(朝鮮病)」과 「빼앗긴 들에도 봄은 오는가(奪われた野にも春は来るか)」를 여러 번 읽고 있다. 50여 년 전 멀고 먼 고국의 풍경, 파란 하늘, 푸른 산, 그 산기슭의 계단식 밭의 보리의 푸름까지도 선하게 보인다. 그리고 당시 농촌의 아픈 소리가 들리는 것 같아 가슴이 아프다.

강재언(姜在彦) 씨의 「근대조선의 걸음(近代朝鮮の歩み)」을

페이지
254-256

필자
독자, 사토
노부유키(佐藤信行),
강재언(姜在彦),
이진희(李進熙)

키워드
지문날인, 원폭, 재일,
세대, 이산가족, 고향

해제자
임성숙

꼼꼼히 읽었다. 바쁘실 테지만 계속 연재해주시기 바란다. 노파의 나로서는 하다못해 선열들이 걸어 온 사실(史実)을 만나는 사람들에게 이야기하고 싶다.

일본어도 조선어도 제대로 하지 못한다. 그저 살아가는 일에 쫓겨 바쁜 나날을 지냈는데, 문득 생각이 나니 이미 인생의 황혼이 다가오고 있었다.

지금도 여전히 남는 후유증 나가사키시(長崎市)·도이즈미 도시코(戸泉俊子)·무직·75세

처음으로 『계간 삼천리』를 본 것은 제30호였다. 내가 태어난 것은 1910년, 그 해 일본은 조선을 짓밟았다. 나는 그로 인해 풍요롭게 살았다. 그리고 35살 때 나는 전사자의 처로서 원폭의 땅에 홀로 섰다.

나에게 원폭의 후유증과 같은 것이 있는데, 조선인들 2세대, 3세대에까지 준 일본의 후유증을 생각하면 우울해진다.

후유증을 극복하기 위해서도 지문날인거부행동을 응원한다.

편견을 직시하고 마쓰에시(松江市)·사사키 시게루(佐々木茂)·교원·32세

귀 잡지를 제40호부터 구독하고 있다. 일본의 우경화가 진행되는 상황에서 아시아 속의 일본이 '과거의 죄(罪過)'와 편견을 충분히 직시하고 반성할 것이 무엇보다 중요하다. 나의 직업상 이웃 국가·조선과의 외교사나 독자적인 역사·문화에 대하여 학생과 함께 깊이 배워야 한다고 생각한다. 귀 잡지가 풍요로워 지고 발전하기를 기대한다.

2세·3세의 재일론을 도쿄도(東京都) 메구로구(目黒区)·김양추(金良秋)·주부·31세

본 잡지 42호 중 강상중(姜尚中) 씨의 논문과 43호 중 양태호

(梁泰昊) 씨의 논문을 흥미롭게 읽었다. 세대교체의 목소리가 들리는 상황에서 왜 2세나 3세의 재일조선인론이 등장하지 않는지 마침 생각하던 때였다.

재일조선인의 삶도 다양해지고 일본사회에 휩쓸리지 않고 살기 위해서도 자신의 삶을 비추는 여러 각도에서 바라보는 재일론이 더 있으면 좋겠다.

강·양 씨의 논쟁을 계기로 많은 2, 3세 사이에서 의견교환이 이루어지면 좋겠다.

재일세대의 다양성 교토부(京都府)·사쿄구(左京区)·김문덕(金文德)·회사원

매 호 즐겁게 읽고 있다. 특히 42, 43호의 강(姜)·양(梁) 씨의 논쟁(라고는 말할 수 없지만)은 재일세대의 다양성을 부각시키는 좋은 기회인 것 같아 나 스스로 여러 생각을 하면서 읽었다.

감상을 말하자면, 양(梁) 씨는 머리 회전이 너무 좋아서 '인간여과기(人間濾過器)'를 떠 올린다. 그를 통하면 그 어떤 물도 순수한 깨끗한 물로 변할 것 같다. 그러나 별난 상황에서 살고 있는 만큼 나 스스로는 별난 물에 더 공감을 가진다.

귀 잡지를 알리고 싶다 도쿠시마현(徳島県)·묘도군(名東郡)·가지모토 기미아키(梶本公明)·공무원·35세

귀 잡지는 계간지인 만큼 월간지에 비해 내용의 무게가 있다. 아직 귀 잡지를 모르는 독자가 많기 때문에 다양한 방법을 통해 알려야 한다. 가깝고도 먼 나라가 아니라 실로 가까운 나라가 되기 위해 그렇게 생각하는 바이다. 때마침 요즈음 긴급한 과제가 산더미처럼 쌓여 있다. 그 계몽의 중요성을 통감하면서 귀 잡지의 약진을 기대한다.

재일 3세의 지문날인거부를 생각하다 도쿄도(東京都)·김(キム)·학원 강사·29세

지난 날 내 학원에 다니는 한 고교생이 지문날인을 거부한다고 말해 함께 구사무소(区役所)까지 따라갔다. 그 학생의 거부 이유는 재미있다. 날인을 거부하면 아버지의 기분이 좋아지기 때문이란다. 아버지가 지문을 거부하라고 말했는지 물었더니 그렇지 않다고 했다. 아버지는 지문날인을 어떻게 할지 물어볼 뿐인데, 그 학생이 날인한다고 말하면 아버지의 기분이 나쁘고 거부한다고 말하면 갑자기 기분이 좋아졌다고 한다. 그래서 그는 아버지의 기분이 좋아진다면 별것 아니기 때문에 거부하기로 했다고 한다.

그 이야기를 듣고 그런 이유로 지문날인을 거부하는 사람이 있어도 좋겠다고 생각했다. 하긴 그 학생은 거부의 이유를 일일이 설명하는 것은 귀찮기 때문에 그렇게 이야기 했을 지도 모른다. 고교생 즈음 연령의 독특한 수치심이 그렇게 했을지도 모른다. 날인을 거부하면 경찰에 잡힐 수 있으니 잘 생각하라고 말하더라도 그의 결심은 변하지 않았다. 나도 거부자의 한 명이지만 그의 주변에 거부하는 사람이 있는 것도 마음이 든든했을 것이다. 구사무소 직원 앞에서는 그런대로 거부의 이유를 이야기했다.

일본인과 동등하다는 의식이 있어 재일 3세의 그에게 지문날인 거부란 당연할지 모른다. 그러나 일본인과 동등이라는 이유만으로는 동화의 위험성을 수반한다. 다만 이 부자의 흐뭇한 관계가 시사하는 것은 결코 어둡지만은 않다.

지문재판에서 편집부·사토 노무유키(佐藤信行)

지난 10월 8일 요코하마지역재판소(横浜地裁)에서 가와사키(川崎)의 지문날인거부자·이상호(李相鎬) 씨의 제1회 공판이 열렸다. 거기서 그는 3년 전 1982년 8월에 왜 지문날인을 거부하게 되었는지에 대하여 자신의 성장시기로부터 풀어 가와사키의 조선인이 많이 사는 지역인 사쿠라모토(桜木)의 지역활동을 통해 얻은 재일 2세로서의 마음을 진지하게 이야기했다. 그리고 그는 "재일 3세·4세의 아이들에게 조선인으로서 당당하게 살아라고 말해 왔던 나한테는 지문을 날인해야 할 이유가 단 하나도 없었다"고 말했다. 나는 그의 말에, 이번 여름 전국에서 1만 수천 명에 이르는 지문거부자·보류자의 한 명 한 명의 이야기를 듣는 듯한 느낌이 들었다.

상호 씨의 '피고인'진술에 이어 일본에서 처음으로 외국적을 가지고 변호사가 된 김경득(金敬得) 씨가 보충변론을 했다. 그는 상호 씨와 같은 재일 2세로서 일본사회의 차별과 편견에 노출되면서 살 수밖에 없었던 자신의 체험을 상호 씨의 이야기와 덧붙이듯이 물었다. "본국에 있는 사람은 물론 해외에 사는 동포 – 중국 200만, 미국 70만, 그리고 소련 40만, 그 동포들은 과연 우리 재일동포처럼 본명도 밝히지 못하고 조선인인 사실도 숨기고 살고 있을까"고. 물론 그의 물음은 재판관, 검찰관을 향한 것이었지만 방청석을 가득 채운 우리 일본인 지원자나 보도관계자의 마음을 날카롭게 찔렀다.

40년 만의 대면 편집위원·강재언(姜在彦)

지난 9월 20일부터 23일에 걸쳐 해방 후 40년 만에 남북조선 간의 이산가족과 예술단의 상호방문이 진행되었다. 이 상호방문은 5월 28~29일의 남북적십자회담에서 결정되었으나 과연 실현될지 다소 불안했다. 나는 「분단 40년을 생각하다」(본 잡지 43호)에서 "이 작은 구체적 성과를 피나는 마음으로 '분단 40년'을 참아 온 민중에게 보내는 작은 선물로서 꼭 실현하길 바란다"고 썼다.

길고 먼 여정이었다. 1972년 8월 제1회 적십자회담 이래 13년째 상호방문이다. 게다가 이산가족은 남북을 합쳐 1천만, 그 중 남북 각각 50명, 그리고 육친이 40년, 35년 만에 만나는데 대면하는 방에 '안내원'이 함께 들어가는 등 기분이 좋지 못한 일도 있었지만, 여하튼 최초의 이산가족과 예술단의 상호방문을 기쁘게 생각하고 싶다. 그리고 이 작은 바람구멍을 넓혀나가기를 바란다. 조선인에게 고향방문은 육친의 생사를 아는 일이며 더 중요한 것은 선조의 묘지를 성묘하는 것이다. 서울이나 평양 등 특정한 장소에서 여러 사람들이 지켜보는 상황에서 정치를 의식하면서 만나는 것이 아니라 태어난 고향에서 육친끼리 만나고 선조의 성묘를 실현하기를 바란다.

편집을 마치고

編集を終えて

본 잡지는 제42호에서 '지문날인문제'를 특집하고 그 후에도 이 문제를 다루고 왔으나 이미 오사카부(大阪府) 등 2부11현, 413시, 986의 지자체의회가 외등법개정(外録法改正)을 요구하는 결의를 했다. 반면 지문날인을 거부·보류한 외국인은 1만 수천 명에 달아 큰 사회문제가 되었다.

운전면허증에서는 이미 사진을 인쇄하고 넣는 방식(刷り込み方式)을 채용하고 있으며 외국인등록에서도 이를 채용해야 된다는 의견도 일부 있는 것 같지만 정부당국은 지문은 본인인지 아닌지를 특정하기 위해 필요하다고 주장하면서 물러서지 않는다. 그리고 또 반면으로는 지문을 읽어내는 기재의 개발을 서두르고 있다고 한다. 밖으로 향한 '열린 나라·일본'이라고 선전하기 전에 외국인을 범죄인 취급하는 이러한 자세로부터 우선 바로 잡아야 되지 않을까.

본 호에서는 해외에 사는 '조선인의 현재'를 특집으로 꾸몄는데, 시가 마사루(志賀勝) 씨의 「중앙아시아에 쫓겨난 사람」을 읽으면서 사회주의체제시기 민족문제에 대하여 생각하게 되었다. 본 호의 대담 「소련중앙아시아의 조선인」과 제40호의 「우스리지역 조선인 이주사」(가이노 미네타로/海野峯太郎) 와 함께 병독하기를 권한다. 또한 본 호에서는 좌담회를 기획했는데, 『가나가와현 내 거주 외국인 실태조사 보고서(神奈川県内在住外国人実態調査報

페이지
256

필자
이진희(李進熙)

키워드
외국인등록법,
지문날인, 해외조선인,
소련중앙아시아
조선인, 이주사

해제자
임성숙

216

告書)』는 읽을 만한 가치가 있었다. 조사·분석을 했던 자원봉사 분들께 경의를 표한다.

1986년 봄(2월) 45호

「회상」에서 「내일」로

페이지
14-17

필자
요코야마 데쓰오
(横山哲夫, 1928~)

키워드
김태엽,
『항일조선인의 증언
(抗日朝鮮人の証言)』,
쇼리키 마쓰타로
(正力松太郎),
오자와 히로시(小沢浩)

해제자
김웅기

요코야마 데쓰오는, 가나가와현(神奈川県) 요코하마시(横浜市) 출신이다. 요코야마 시로(横山四郎)의 삼남으로, 현(県) 의회 의원을 지냈고, 1992년부터 1993년까지는 의장을 역임했다. 일본의 정치가이며, 실업가(実業家)이기도 하다. 이 글은 요코야마 데쓰오가 『항일조선인의 증언』을 읽고 그 내용을 소개하기 위해 조사한 내용들을 적은 것이다. 일본제국주의 시기 조선에서 노동운동과 민족운동에 생을 바친 한 사람의 조선인 운동가가 스스로를 회상하며 적은 내용에 대한 소개이기도 하다.

김태엽 저, 『항일조선인의 증언(抗日朝鮮人の証言)』(이시자카 고이치(石坂浩一) 역), 「회상의 금돌파(回想の金突破)」라는 부제가 있는 이 책을 신문에서 소개하기 위해 취재를 시작한 것은 1983년 1월, 신정이 끝난 지 얼마 되지 않았을 때였다. 다시 말해 이 책은 석 달 가까이 내 책상 위에 방치되어 있었다. 마침 시작된 새로운 기획이 있었던 탓이기는 하지만 시간적 분주함과는 다른 무언가가 내 손발을 무겁게 했다.

이 책(후지출판(不二出版))은 전전 일본에서 활동한 조선인 노동운동가 김태엽(金泰燁)의 회상기다. 번역자인 이시자카 씨는 일조(日朝)관계사의 젊은 연구자이다. 그는 한국을 여행하던 중 서울에 있는 서점에서 우연히 원저를 보았고 이후 저자인 김 씨의 허락

을 얻어 번역, 출판하였다. 김 씨는 일본에서 출판될 것을 간절하게
원했다고 한다. 특히 전전 일본에서 조선인 노동자들이 얼마나 부
당하게 학대를 당했는지를 오늘날 일본 젊은이들에게 알려 주는
것이 소원이었다고 후에 이시자카 씨로부터 들었다.

이 책을 손에 쥐며 놀랐던 것은 기술 내용 태반이 내가 사는
도야마(富山)가 무대라는 것이었다. 게다가 부제에 있는 「돌파」란
그 용맹과감한 행동에 따라 김 씨에게 붙은 별명이며, 이러한 「별
명의 지은이」는 당시 경시청 간부이자 도야마현(富山縣) 출신 쇼
리키 마쓰타로(正力松太郎)라는 사실을 알고 한 번 더 놀라고 말
았다.

김 씨와는 도야마에서 조선인 노동자의 조직화와 동포들이 얽힌
노동쟁의의 해결에 뛰어들었다. 동시에 투쟁 와중에 「끔찍하게 사
랑하는 여자」를 죽게 함과 동시에 새로운 짝을 만난다는 극적인
「삶의 기록」을 새기기도 했다. 그럼에도 불구하고 김 씨의 그러한
발자국은 일본인이 범한 조선인 멸시의 역사를 보여주듯이 도야마
에서는 거의 누구에게도 알려진 바가 없다. 이러한 배경 아래서
이 책의 소개기사는 어떻게 써야 할 것인가? 나는 생각에 잠기고
말았다. 신문기자의 직업의식과 기술로 기사를 쓰는 일 자체는 그
다지 어렵지 않을 것이다. 그러나 이 책에 한해서는 이 같은 일은
결코 허용되지 않는 행위로 여겨졌다. 기사를 쓰려면 적어도 조선
과 일본의 역사에 대한 일본인의 진심 어린 반성이 전제되어야 하
지 않을까. 반성이라는 단어가 이미 교만하다면 입에 발린 말이나
지식이 아닌 온몸으로 느껴지는 「조선에 대한 마음」이 있어야 하
지 않을까. 그런데 나에게 그런 게 있다고 말할 수 있을까-「하루
빨리 기사로」라는 조바심과는 반대로 손발은 점점 무거워지기만
했다.

어느 날 나는 도야마의과약과(富山医科薬科)대학에서 일본사
를 가르치고 있는 오자와 히로시(小沢浩) 조교수를 찾아갔다. 오

자와 씨는 취재로 알게 된 지 얼마 되지 않았지만 민중과 인간에 관점을 두는 언행에 소위 대학관계자들에게는 드물게 열정을 느끼게 해 주는 사람이었다. 이러한 오자와 씨에게 이 책의 소개문을 의뢰하는 것이 방문의 목적이었다. 기사를 못 쓰는 고뇌로부터 도망치고 싶다는 속내를 고백하며 나는 기고를 의뢰했다. 열흘 정도 지나 오자와 씨로부터 편지를 받았다.

"훌륭한 책을 가르쳐 줘서 정말 고맙습니다. 이제, 친구들에게도 읽게 해 주도록 하겠습니다. 다만 기고 건은 사양하겠습니다. 신문에 소개문을 쓰는 일보다도 내가 김 씨의 도야마에서의 행적을 자신의 발로 추적하며, 일본민족이 저지른 잘못을 사죄하기 위해 꽃 한 송이라도 바치고 싶습니다. 당신도 동행하지 않겠습니까. 기자네 학자네 하는 '자(者)'가 붙은 입장을 떠나서 말입니다."

나는 편지에서 오자와 씨의 「마음」을 느끼게 되었고, 마음이 부족한 자신에게 더욱 조바심을 느끼지 않을 수 없었다.

취재는 김 씨가 묵은 도야마시내 여관 「사사즈칸(笹津館)」을 찾는 것으로 시작되었다. 길을 가다 쓰러져 얼어 죽기 직전에 실려 간 이 여관에서 김 씨는 고베(神戶)에서 함께 데려온 끔찍하게 사랑하던 여자 노다 다케코(野田武子)를 모즈미(茂住, 기후현(岐阜縣))의 광산쟁의 와중에 죽게 한 슬픔을 치유함과 동시에 이 여관집 딸인 노다 아야코(野田綾子)와 결혼하기도 했다.

가교
안네 프랑크와 일본인의 복통
[架橋] アンネ・フランクと日本人の腹痛

　와다 노보루는 나가노현에서 태어났으며, 신슈대학(信州大学) 교육학부를 졸업했다. 1959년부터 공립소학교 교사를 31년 동안 지내면서 1966년 『무시(虫)』로 제1회 일본아동문학자협회 단편상 수상을 계기로 아동문학작가가 되었고 1977년에는 마쓰시로 대본영(松代大本營) 공사에 동원된 조선인을 그린 작품 『슬픔의 요새(悲しみの砦)』로 제1회 쓰카하라 켄지로(塚原健二郎) 문학상을 수상했다. 이 글은 와다가 유럽여행을 다니면서 유독 일본인 관광객들이 과거사의 아픔을 되새기거나 성찰하는 일에 무감각하며 그저 다녀온다는 사실에만 집착하는 모습을 안타깝게 생각하는 내용이다.

　작년 여름 친한 친구인 화가와 아우슈비츠(Auschwitz)와 암스테르담(Amsterdam)을 다녀왔다. 암스테르담에서는 안네 프랑크 기념관을 방문했고 나치에 대한 레지스탕스(La Résistance) 운동에 투신한 사람으로부터 이야기를 들을 수 있었다.

　돌아오는 길인 프랑크푸르트(Frankfurt) 행 급행열차 안에서의 일이다. 우리가 확보한 좌석은 콤파트먼트(compartment)였으며, 객차 안에는 우리 두 사람 외에는 아무도 없었다. 우리는 창가에 보이는 풍차와 아름다운 목장 풍경을 즐기면서도 이야기는 자연스레 안네와 아우슈비츠 등의 이야기가 되었다.

페이지
17-19

필자
와다 노보루
(和田登, 1936~)

키워드

해제자
김웅기

"안네 기념관에서 느낀 일인데 가족여행 같은 미국, 유럽 사람들은 전시의 글자를 하나하나 꼼꼼하게 읽고 있었지만 일본인들은 그런 경우를 별로 못 봤네요."

친구가 말했다. 우리부터 벌써 이런 식이다. 여행경비 절감을 위해 부분적으로 투어에 참가한 여행이었다. 당연한 일이기는 하지만 시간이라는 것은 한정적이다. 이를 보완하기 위해 카메라와 테이프리코더를 풀로 사용하게 된다. 빈축을 사는 일본인의 전형. 그 슬픔.

슬픔은 열차가 프랑크푸르트에 도착하기 30분 정도 전에 승차한 대학생으로 보이는 일본인 여성들로 인해 절정에 달했다. 대학생이라고는 하더라도 아직 소녀 같은 세 명. 공교롭게도 우리 칸에 동석하게 되었다.

이들은 이미 무슨 트러블(trouble)이라도 일으켜서 그랬는지 서로 무뚝뚝하게 앉아 우리가 말을 걸어도 별로 대꾸하지도 않았다. 다만 승무원이 친절하게 그녀들의 무거운 트렁크를 높은 짐칸에 올려 준 데 대해 "저런 곳에 올려 버리면 내릴 때 어떻게 하란 말이야"라고 투덜댔을 뿐이다.

좁은 열차 안에서 무거운 공기가 흘렀다. 긴장을 풀어보려고 친구가 "어디를 다녀왔어요?"라고 부드러운 어조로 물었다. 그러자 내 옆에 있던 두 사람이 런던, 파리, 그리고 네덜란드를 다녀왔다고 작은 목소리로 대답했다. 네덜란드라고 듣게 되자 친구는 바로 안네기념관을 다녀왔는지 물었다.

"네, 하지만 폐관 직전이라서 5분 정도밖에 볼 수 없었거든요."

이제 친구는 자꾸 그녀들의 소감을 끌어내려고 애를 썼다. 디스커션(discussion)이 되면 재미있을 거라고 나도 생각했지만, 여학생들의 어두운 표정으로 미루어볼 때 큰 기대하기가 어려웠다. 그러던 중 한 명이 말했다.

"중학교 때 교과서에서 읽은 적이 있었고, 얼마 전에 TV영화로

봤기 때문에 무척 감동했어요. 똑같네 하며"

어, 그렇구나, 똑같다는 것을 확인하게 되니 감동하는구나.

나도 같은 소감을 가질 뻔했지만 불과 5분 만에 감동할 수 있겠느냐며 짓궂은 소감을 갖게 되었다.

"아니, 일본에서는 모두가 세이코(松田聖子, 일본 아이돌 가수)짱, 세이코짱이라고 말하는 것처럼 안네, 안네라고 하다 보니 여행하는 김에 보러 갔을 뿐이야."

이런 생각하는 동안 친구는 아까부터 가만히 있던 옆에 앉아 있는 리더 격의 미인에게 질문을 던졌다. 하지만 그녀는 "이런 것을 묻는 심정을 이해할 수 없습니다."라며 고개를 돌리고 말았다.

이날 그녀들은 우리와 마찬가지로 프랑크푸르트 역에서 내렸다. 높은 짐칸의 트렁크를 둘이서 내려주었지만 고맙다는 인사를 들은 기억이 없다.

외국 기차여행 중에 서로 모르는 일본인끼리 다른 민족사람 없이 같은 방에서 동석하게 되다니 좀처럼 없는 체험이다. 게다가 안네 프랑크라는 공통의 화제까지 있었다. 그럼에도 불구하고 왜 함께 이야기를 나누지 못했을까. 적어도 친구는 부드러움을 겸비한 신사다. 강요하는 기색은 없었을 것이다.

"저것들에게 안네 따위는 별 것 아닐 거야. 네덜란드의 후지산, 게이샤, 풍차와 튤립만 있으면 되는 거였겠지."

"일본인의 비루함을 직시한 마의 30분이었군."

프랑크푸르트 호텔의 침대에 누우면서 우리 둘은 자신들의 주제를 제쳐놓고 말했다.

그녀들은 그녀들대로 추잡한 아저씨들에게 붙잡혀 버린 분풀이를 저 봉긋 새침한 미인이 중심이 되어서 했을 것이다.

나는 요즘, 그녀들에게 안네란 무엇이었는가 하는 생각이 문득 들 때가 있다. 비극의 운명이었다는 점이 다르기는 하지만 역시 「세이코」가 아닐까. 그리고 그 슬픔이란 모두가 비극, 비극이라고 하니까 비극인 것이지, 너무나도 쉽게 지나쳐 버려, 변화하기가 쉬운 도시의 혼잡함에 휩쓸리면서 의식 속에서 사라져 버리는 게 틀림없다.

가교
조선어교육 잡감
[架橋] 朝鮮語教育雜感

쓰루조노 유타카(鶴園裕)는 조선근대사를 전공하는 학자로서 가나자와대학(金澤大學) 교수로 재임 중이다. 대학원생 시절 재일조선인 차별에 대한 문제의식이 모태가 되어 출범한 현대어학숙(現代語學塾)에서 활동했다. 이 글은 조선어가 대학교육 현장에서 점차 늘어나는 상황에서 수요가 다양화되고 있음을 논하면서 현대어학숙 또한 수강생들의 수요가 다양해지고 있는 점을 소개하고 있다. 또한, 수강생 중 한 명이 보안사령부로 연행됨에 따라 현대어학숙 또한 친북단체로 매도되는 데 대한 반론도 담고 있다.

돌이켜보니 영어교육 등에서 영국어냐 미국어냐 하는 것이 상당한 상급자가 아닌 한 불필요한 것과 마찬가지로 일본에서, 적어도 대학에서 남북 문헌을 모두 읽을 수 있게 된다는 것은 당연한 일이다. 그러나 이런 일이 꼭 상식으로 통하지 않는다.

1968년 김희로(金嬉老) 사건을 계기로 탄생한 현대어학숙(現代語學塾)에서도 과거의 수강생과 요즘 수강생과는 상당히 기질이 달라지고 있는 듯하다. 옛날에는 좋든 안 좋든 이른바 일본인에게 있어서의 조선문제나 재일조선인문제를 배우기 위한 기초로서의 조선어학습에 임하고자 하는 사람들이 중심이었다면, 최근에는 어학숙에도 다양한 종류의 다양한 직업을 가진 사람들이 다니고 있다. 물론 대다수는 학교 선생님이나 공무원, 출판사 직원, 대학생

페이지
20-23

필자
쓰루조노 유타카
(鶴園裕, 1950~)

키워드
김희로(金嬉老) 사건,
현대어학숙
(現代語學塾), 총련,
보안사령부, 간첩

해제자
김웅기

등 이른바 지식층이지만 40대, 50대 주부들이나 드물기는 하지만 한국 여성과 결혼하고 싶다며 열심히 어학숙을 다니고 있는 현장직 사람들 등등 다양한 사람들을 간과할 수는 없다.

그런 와중에, 날벼락이라도 맞듯이 일어난 문제가 한때 어학숙 수강생이었던 이나바(稲業裕) 씨가 한국에서 북한간첩으로 체포된 사건이다. 이나바 씨의 개인 문제에 대해서는 이 원고를 쓰고 있는 1월 10일 현재 재판이 진행 중이기도 하고 유학 전에 면식이 있기는 하지만 유학 후의 일에 대해서는 소문으로 들은 것 외에 전혀 아는 바가 없기 때문에 경솔하게 쓰지 않는 편이 좋을 것이다.

하지만 어학숙 교사로서 간과할 수 없는 점은 12월 9일자 보안사 발표에 의한『동아일보』등의 기사 중에 현대어학숙이 '총련계'라든가 '북괴찬양교육'을 행했다고 쓰여져 있는 부분이다. 현대어학숙은 6개월에 2만 8000 엔이라는 수강생들의 월사금만에 의지하며, 세와닌(世話人, 운영진의 뜻)이라고 불리는 수강생들의 자발적 운영위원회에 의해 운영되고 있는 사설 학원이다. '총련계'니 '총련계 친목단체' 등으로 불릴 이유는 조금도 없다. 실로 수강생 대부분은 몇 번씩 한국을 왕래하고 있으며, 교원 중 대부분이 한국에서 교육을 받은 사람이나 한국인이다. 물론 현대어학숙은 학생의 사상, 신조 또는 국적을 묻지 않기 때문에 일반적인 일본 학교가 그렇듯이 한국인 유학생이 놀러 오기도 하고 북한을 지지하는 이가 오는 일도 있다. 그러나 이 사실을 가지고 '총련계친목단체'니 '북괴찬양교육'이니 하며 사실무근의 딱지를 붙인다는 것은 어불성설이다.

조선어교육, 그 중에서도 초보 단계에 있어서는 다른 일반적인 어학교육과 마찬가지로 일종의 발성훈련이나 언어습득을 위한 기술적 측면이 큰 것을 피할 수 없다. 그러나 일정 단계부터는 과거의 일본과 조선의 관계나 현재의 남북분단과 일본의 관계 등 이른바 어학훈련으로서의 조선어뿐만 아니라, 조선과 일본을 둘러싼 상식과 현대의 남북분단에 대한 이해와 교양이라는 것이 필요하지 않을까 생각된다. 최근 다양한 수준에서 같은 유형의 사람들이 조선어에 관심을 갖고 시작하는 만큼 이 일을 절실히 느끼고 있다.

그만큼 다양한 가능성을 가진 사람들이 모이는 현대어학숙에 대해 한국의 - 보안사령부가 - 일본인 유학생의 한국에서의 문제행동을 이유로 그 사람을 미워하는 나머지 그 사람과 관계있는 모든 것이 미워한다는 식의 근거 없는 딱지 붙이기를 하다니 어이가 없다. 실제로 나의 초급회화 반이 올 4월에 1년 반 과정을 마치게 되는데, 이 사건이 일어나기 전에 한국으로 수학여행을 갈 계획을 세우고 열 명 이상의 많은 사람들이 참가할 예정에 있었다. 만약 이것이 성사되었다면 현대어학숙 출범 이래의 역사적인 일이 되었을 텐데 이번 사건으로 인해 적어도 현대어학숙의 깃발을 들어 집단으로 한국으로 수학여행을 가는 꿈은 포기하지 않을 수 없게 되었다.

현대어학숙은 여태껏 시민 레벨의 「가교」 역할을 담당해 왔으며, 앞으로도 수행해나갈 것이다. 그러나 이러한 가능성이 이번 사건으로 왜소화된다면 나에게 있어서는 매우 유감스러운 일이다. 한국정부 입장에서도 큰 손실인 것으로 여겨지는데 이에 대해 어떻게 생각할까.

들은 바에 의하면 부친의 장례로 귀국하려는 이나바 씨가 한국 공항에서 체포된 일에 어머님의 상심은 상당한 것이었다고 한다. 바라건대 이나바 씨에 대한 관대한 조치를 부탁하고 싶고 현대어학숙에 대한 협량(狹量)한 편견 따위는 버려 주었으면 하는 바람이다.

역사교과서의 조선을 묻다

[座談會] 歷史教科書の朝鮮を問う

이 좌담회는 계간 삼천리의 편집진이 한 자리에 모여 좌담회 개최 당시 문부성 검정을 통과한 일본 역사교과서들이 조선을 어떻게 다루고 있는지에 대해 시대별로 검토하고 논의하는 내용이다. 조선과 일본 간의 관계사를 전문으로 하는 역사학자 및 문필가의 참여로 각자가 가진 전문성을 발휘하여 면밀하게 분석이 이루어지고 있는 점이 특징이라고 할 수 있다. 통사적 논의가 이루어지는 내용 중에서 여기서는 임진왜란을 둘러싼 다각도의 평가를 다룬 부분을 살펴보기로 한다.

침략전쟁의 아픔을

이진희: 임진왜란에 대해 살펴보기로 하는데 제 인상으로는 상당히 나아졌습니다. 자유서방의 『신일본사(新日本史)』에서는 「조선 민중을 괴롭혔기에 원성을 쌓으며, 또한 출병장정들의 피폐를 초래하여 도요토미 정권의 붕괴를 앞당기게 했다」고 기술되어 있으며, 제일학습사의 『신일본사』에서도 비슷하게 기술되었습니다. 또한, 학교도서의 『일본사』에서도 「도요토미 정권에게도 아무것도 얻을 게 없었고 재정적 기초와 여러 다이묘(大名)들에 대한 통제력을 약화시켰다」고 되어 있습니다. 산세이도(三省堂)의 『고교일

페이지
26-41

필자
강덕상
(姜德相, 1932~),
강재언
(姜在彦, 1926~2017),
김달수
(金達寿, 1920~1997),
이진희
(李進熙, 1929~2012)

키워드
김희로사건,
현대어학숙, 간첩

해제자
김웅기

본사』의 경우, 「일본군은 남부 연안부터 거의 전진하지 못했으며, 비참한 전투를 이어나가는 사이에 이듬해 히데요시가 사망함에 따라 정전이 되었다」고 썼으며, 정전이라는 것은 틀린 것이기는 하지만 이어서 「히데요시의 조선침략은 대규모 동원에 의해 국내를 피폐시켰다. 출병의 실패는 도요토미 정권 내부의 여러 다이묘들 간의 대립을 드러나게 하여 패권을 둘러싸고 다이묘들 간의 극심한 분쟁을 낳았다」라는 표현이 되어 있습니다. 원래는 「히데요시가 죽었으니 철수했다」라고 기술하는 것이 일반적이었으니 많이 변했습니다.

하지만 산세이도의 『신일본사』는 여전히 「명나라 또한 국력이 피폐해져 멸망을 앞당기는 한 요인이 되었다」고 되어 있다.

김달수: 무승부란 말인가? (웃음)

이진희: 조선에게 막심한 피해를 준 것은 말할 것도 없지만 침략 실패가 도요토미 정권을 결정적으로 위태롭게 했다는 점, 또한 침략전쟁이 일본 민중에게 막심한 희생을 강요하고 피폐를 초래했던 것, 이를 간과해서는 안 된다.

강재언: 한 가지 더 중요한 것은 무로마치시대에 아시카가 요시미쓰(足利義満)가 교린(交隣)관계를 연 것이 1404년이고 히데요시의 침략이 1592년인데 그 2년 전인 1590년에 조선에서 통신사가 왔다. 오닌의 난(応仁の乱) 이후 치안문제로 인해 (일본으로) 들어오지는 못했지만 일본에서는 자주 (조선으로) 갔었으며, 1591년까지 교린관계가 지속되었다. 이를 무너뜨린 것이 히데요시. 이를 잘 봐야 할 것이다. 또한, 이 침략전쟁이 일본 민중, 조선 민중에게 어떠한 영향을 미쳤는지, 이를 살펴보아야 할 것이다.

이진희: 전후 100년이 지나도록 도쿠가와 막부의 재정이 회복되지 못할 정도로 일본이 피폐해졌음에도 불구하고 조선의 희생에 대해서만 다루기 때문에 침략을 해서는 안 된다고 가르쳐도 아이

들은 「일본이 강하고 조선이 약했으니 어쩔 수 없잖아」라는 식으로 이해하게 되거든요. 일본 측 희생, 아픔에 대해서도 제대로 기술하게 된다면 침략이 무의미했다는 점과 강재언 씨께서 지적해 주신대로 교린관계를 짓밟은 히데요시가 잘 못했다는 점을 드러내야 합니다.

강덕상: 조선에서도 인명뿐만 아니라 경제적으로 매우 피폐해져 이조 후기가 되어 뒤쳐진 사회라고 불리게 된 원인 중 하나로 히데요시의 침략이 있었던 것입니다.

강재언: 조선에서는 부흥에 100 수십 년 걸렸다. 18세기에 이르러 겨우 회복했다.

이진희: 저는 『왜관·왜성을 걷다(倭舘·倭城を歩く, 六興出版)』의 취재로 임진왜란의 격전지를 걸으면서 깨닫게 된 것인데 가토 기요마사(加藤清正)군이 지나간 곳은 철저히 불타버렸다는 전승(伝承)이 남아 있다. 그러나 고니시 유키나가(小西行長)군은 불태우지 않았다.

그리고 고니시는 1597년 8월에 침략이 재개될 것을 조선 측에 통보하고 진로를 가르치기도 했습니다. 그리고 「벼를 일찍 수확하고 부녀자는 산 속으로 피신시켜라. 장정은 산성을 근거지 삼아 싸워라. 그렇게 하면 일본군은 군량이 모자라 열 일만 지나면 철수할 것이다」라고 작전까지 알려 준다. 이게 히데요시에게 들켜서 참수 당했다. 그래도 그는 이렇게 한 거거든요. 도쿠토미 소호(德富蘇峰)가 「적수에게 최고 기밀을 팔아넘긴 대반역자」라고 썼는데 이런 관점에 서게 되면 고니시의 전기는 쓸 수 없을 것이다. 현재 있는 것은 엔도 슈사쿠(遠藤周作)의 『철의 항쇄(鐵の首枷, 中央公論社)』 정도입니다.

강재언: 그 책은 재밌는 작품이군요.

김달수: 응 재밌다.

이진희: 거친 성격의 히데요시나 기요마사의 전기는 많이 있는

데 인간미 넘치는 고니시에 대해서는 말하기를 꺼린다. 하지만 고니시는 무의미한 전쟁으로 사람을 죽이는 일을 피하고 싶어했던 것이다. 크리스찬이었기 때문에 그렇게 행동했을지도 모르지만 훌륭한 인물이었다고 생각되네요.

강재언: 그의 행동은 민족을 배신하는 것이 아니라 침략에 반대한 것입니다. 대의명분이 없는 전쟁에서 양국 민중들이 서로 죽이는 데 반대하는 것과 민족을 배신하는 것은 다른 차원의 문제이기 때문에 이들을 구별해야 한다.

강덕상: 천하가 갈라서는 세키가하라 전투(関が原の戰い)에 대해서는 역사소설 등도 많이 있지만 이시다 미쓰나리(石田三成)와 도쿠가와 이에야스(德川家康) 간의 힘겨루기라는 관점이 아니라, 보다 동아시아적 규모로 조선침략전쟁을 둘러싼 내부갈등, 소모된 서군(西軍)과 전력을 온존한 동군(東軍) 간의 대결이라는 시야를 수용한 역사의 다이너미즘을 전하고자 하는 역사소설을 쓸 사람은 없을까요. 많은 사람들에게 읽힐 것 같은데요.

이진희: 히데요시는 무장들의 전의를 의심하고 1597년에 침략을 재개함에 있어 무훈의 증거로 적병의 코를 잘라서 일본으로 보낼 것을 명령했잖아요. 그것을 묻은 곳이 교토의「귀무덤(耳塚)」인데 고니시는 희생되는 것이 부녀자가 될 것을 알고 있었기 때문에 산속으로 피난하라고 통보했습니다. 그런데 조선에서는 피난명령을 내리기 전에 혼란이 일어난다며 실행에 옮기지 않았습니다. 그 결과「5만을 웃도는」코가 교토로 옮겨지거든요. 그리고 종군기『조센니치니치키(朝鮮日々記)』를 남긴 케이넨(慶念)이라는 스님도 훌륭하지만 비극을 막고자 하는 제1급 사람들이 있었던 것입니다. 이런 사람들을 더 발굴해 주었으면 합니다.

김달수: 그렇지 그렇지. 그런 인간적인 사람들이 있었다는 것을 교과서에 실어야 할 거예요.

강재언: 그리고 지금도 히데요시의 조선침략의 원인을 제대로

파악하지 못할 정도로 이 침략은 다분히 그의 교만함으로 비롯된 것이며, 당시 일본 민중이 조선에 대해 편견을 가지고 있었다거나 조선 침략에 이해관계가 있었던 게 아니잖아요. 이 관점도 빠져서는 안 되겠지요.

이진희: 일본에서는 자국 내 문제를 논할 때는 민중의 시선이 나타나기는 해도 대외관계에 관한 서술만 되면 국가와 민중을 일체화시켜 버린다.「1억 불덩어리(一億火の玉)」인양 민중의 입장을 건너뛰거든요.

강덕상: 그렇지요. 안에서는 민주주의, 밖에서는 국권주의가 명백합니다. 고대사나 중세사를 기술할 때도 이 같은 자세지요.

대담
전후 교육에서의 조선
[對談] 戰後教育のなかの朝鮮

이 대담은 재일조선인 민족교육을 지탱해온 두 명의 일본인 전문가 - 대학교육에 종사하는 오자와 유사쿠(小沢有作)와 공립 초등학교 교사로서 민족교육 현장을 지탱하는 역할과 활동에 평생을 바친 이나토미 스스무(稻富進) - 에 의한 것이다. 전후 일본사회가 어떻게 제국의 잔재인 재일조선인을 불가시적(不可視的) 존재로 몰아내며, 이로 인해 일본인 측이 역사를 망각하며 무자각해지는지를 논하고 있다. 또한, 차별이 학교에서 뿐만 아니라 가정이나 사회에서 어떻게 재생산되는지에 대해서도 논의가 이루어지고 있다.

「민주주의」라는 가면

편집부: 1983년 여름에 역사교과서의 조선상(象). 아시아상을 놓고 교과서문제가 부각된 지 벌써 3년이 지났습니다. 이 문제는 단순히 교과서의 기술 문제뿐만 아니라 전후 일본의 교육과 일본인의 조선관·아시아관을 날카롭게 묻는 것이었는데, 올해(1985) 들어 나가노현(長野縣)의 양홍자(梁弘子) 씨의 교사 불채용문제에서 볼 수 있듯이 문부성은 매우 완고한 자세를 보이고 있습니다. 다른 한편으로는 지문날인거부와 연관되어 일본인의 배외적 의식이 노골적으로 표면화되어 왔습니다. 국제화사회를 지향한다며 여태껏 완곡하게 에둘린 부분이 본모습을 드러낸 것입니다. 그리고

페이지
71-81

필자
오자와 유사쿠
(小沢有作, 1932~2001)
이나토미 스스무
(稻富進, 1932~)

키워드
민주주의, 차별, 배외,
동화, 일교조(日敎組)

해제자
김웅기

235

오늘날 교육계를 둘러싸고 임시교육심의회(臨教審)라는 큰 틀이 진행되는 듯합니다. 이러한 가운데 다시 전후교육 속의 조선이 전후 40년째를 맞이함에 즈음하여 생각해 보고 싶습니다.

오자와 유사쿠: 전후 40년 일본의 교육은 어디를 향하며 열렸는지에 관한 문제가 있습니다. 문화교류 측면에서는 여전히 유럽과 미국에 열려 있고, 조선, 중국, 동남아시아에 대해서는 닫혀 있어, 과거와 마찬가지로 배울 것이 없다는 의식이 지속되고 있다. 일본이 기술혁신을 중심으로 경제대국의 길을 가면 갈수록 이들을 시장으로 바라보는 시선은 확장될지는 몰라도 문화나 인간 레벨에서 교류하는 상대로 바라보는 시각은 닫혀 있었다고 생각합니다. 이 대가가 아이들에게 돌아가고 있습니다. 즉 아시아에 대해, 조선에 대해, 재일조선인에 대해 모른다 해도 살아갈 수 있다는 식의 편협한 의식, 세계관을 가진 어린이, 청소년이 자라나고 있습니다.

전전과 전후 간의 구조는 같은 것인데 단지 표면적으로는 전쟁과 다른 의식이 나타나고 있다고 생각합니다. 전전의 경우 노골적으로 조선이나 중국, 동남아를 깔보며 지배해 온 것이지만 전후의 경우,「민주주의」라는 가면을 쓰고 있다는 것입니다. 즉, 하나는 "조선인도 일본인도 인간으로서 모두 평등하다"라는 가면. 또 하나는 "차별해서는 안 된다"라는 가면. 이들은 밋밋한 명분에 지나지 않기 때문에 오히려 타자로의 조선인에 대한 생생한 관심을 봉살(封殺)하는 역할마저 하는 듯한 느낌이 듭니다. 이러한 상황이 "조선을 몰라도 살아갈 수는 있다"는 무관심한 상태를 조장하는 거라고 생각합니다.

평소 대학생들과 접하면서 느끼는 것은 차별이나 침략은 안 된다고 모두가 말로는 하지만 차별당하고 침략을 당한 당사자 처지에 대해서는 거의 모르고 알려고도 하지 않는, 그런 젊은이들이 많다는 것입니다. 전후 40년을 거쳐 이것이 일본 젊은이들을 지배

하는 의식상황인 것 같습니다.

저는 5년 전에 대학에서 재일조선인 학생과 일본인 학생이 동석하는 세미나를 운영했습니다. 세미나에서는 일본인 학생들이 자신의 재일조선인체험·조선관을 말하는 것으로 시작합니다만 결론적으로 "나는 조선인을 차별한 적이 없습니다"라고 말하거든요. 이에 대해 재일조선인 학생들이 "왜 조선인이 일본에서 살게 되었는가" 등 구체적 질문을 연달아 던진다. 그러자 일본인 학생들은 모르겠다, 모르겠다의 연속이고 학교에서 배운 적이 없다는 변명이 나오는 것입니다. 다시 말해 초중고 교과서에 식민지 지배와 재일조선인의 역사, 실태를 제대로 기술하지 않기 때문에 우연히 조선문제를 진지하게 고민하는 교사를 만나지 않는 한, 배우지 못했다가 되는 것입니다.

이러한 일본인 학생의 발언에 대해 재일조선인 학생들은 점점 답답해집니다. 조선인을 눈앞에 두고 재일조선인의 역사도 상황도 아무것도 모른다고 태연하게 말한다는 것은 그들 입장에서 보면 자신의 존재가 무시되고 부정되는 것과 마찬가지며, 상대방에게 상처를 준다는 것을 깨닫지 못하고 있는 것이다. 이에 조선인 학생 측은 한층 더 화가 나는 것입니다.

이렇게 일본인 학생들이 몰리게 되면 자신이 가지고 있는 지식의 초라한 민낯이 점점 드러나기 시작합니다. 명분과 지식이 벗겨진 상태에서 나오는 속내 중 하나가 "조선인은 조선으로 돌아가"라는 말이고, 다른 하나가 "일본에 살고 있으니 귀화하면 되는 게 아니냐"라는 말입니다. 즉 배외와 동화의 의식이 철저히 밝혀지게 되는 것입니다.

이나토미 스스무: 이는 대학생에 국한되는 것이 아니라 초중고생들의 경우도 기본적으로 똑같다고 봅니다. 먼저 반에서 재일조선인 아이가 옆자리에 앉아 있다. 그 아이들과의 관계라는 것은

평소 공부할 때나 클럽활동 속에서는 별 긴장감이 느껴지는 일도 없어 사이가 좋다. 그런데 긴장감을 느끼게 되는 장면에서는 다툼이 일어나게 된다. 중학생 같은 경우에는 그 감정적인 부분이 드러나게 되면 "조선인 주제에 잘난 척하지 마라"라든가 "조선인들이 학교에 없어야 하는 게 아니냐"라는 말들이 터져 나온다. 이와 같은 장면을 대다수 일본인 교사들이 경험하고 있는 것입니다. 저학년 아이들의 경우는 어느 날 갑자기 일본인 아이들이 "너와 놀지 않겠다"고 말하기도 한다. 그 일본인 아이들은 아무것도 조선에 대해 아는 바가 없다. 어째서 이러는가 하니 부모들이 "조선인 아이와 놀면 안 돼"라고 말하는 거거든요. 이런 식으로 일본인 아이들은 어릴 때부터 조선 또는 조선인에 대한 편견을 가정교육, 학교교육이라는 터전에서도 이어받고 있는 것입니다.

일교조(日教組)에서도 줄곧 전후 민주교육의 한 가지 기둥으로 재일조선인문제를 세워 왔지만, 이것이 실체로 현장에 있는 교사들에게 인식되어 자신들의 주체적 실천으로 이어지고 있는지 의문이 남는다. 물론 최근에는 자각적으로 실천하는 교사들이 지역마다 점차 늘고 있기는 하지만 전체적으로 보면 일본인의 아이들은 조선에 대해 거의 배우지 못하고 있고 무엇보다도 조선과의 만남이라는 것이 없다. 대부분의 경우, 옆에 앉아 있는 조선 아이가 일본 이름을 쓰고 있는 상황에 놓여 있기 때문에 일본인 아이들 입장에서 본다면 만나는 일 자체는 있기는 하지만 그 의미를 생각할 계기가 없는 것이다.

오자와: 그렇지요. 학생들에게 물어보니 초중고에서 조선인 친구가 없었다는 것이 많습니다. 하지만 재일조선인 학생이나 재일조선인문제를 만나 문제의식을 갖게 된 후에 다시 한 번 학교 시절을 되돌아보니 그 아이가 조선인이었을지도 모른다고 깨닫게 되는 것입니다.

확실히 일본인 아이들 입장에서 보면 조선인 아이가 일본 이름을 쓰는 한, 곧바로 「조선」을 만날 수 없다는 문제가 있습니다. 하지만 조선인 측에서 볼 때, 본명을 자칭하게 될 경우 이지메를 당하거나 차별을 당하기 때문에 「조선」을 드러낼 수 없는 환경인 것입니다. 학교에서 일본인과 조선인의 진정된 만남의 기회가 조성되지 못하고 있는 것은 정말 불행한 일입니다.

이나토미: 일본인 아이들은 처음부터 편견이나 차별 감정 등을 가지고 있을 것이 아니지만 일반사회에 존재하는 의식상황과 같은 것이 점차 투영되는 형태로 차별감정이 몸에 배면서 자라나고 있다. 그런 일본인 아이들을 앞에 두고 조선인 아이 측에서는 자신을 숨기는 형태로 일본인과의 관계가 형성된다. 이에 대해 민중 편에 서야 할 교사들이 진정한 의미에서 민중 편에 서 있는지 아닌지에 대한 문제가 있는 것입니다.

예를 들어 지문날인문제라든지 재일조선인교육의 실천을 추진해 나가는 것이 중요한 일이라고 문제제기 될 경우, 차별감정을 드러내며 노골적인 비난과 반대의 목소리가 나오는 상황이 교사들의 세계에서조차 찾아볼 수 있다. 이런 상황을 감안한다면, "일본인 교사 측이 과거 일본이 조선을 지배했던 데 대한 역사적, 사회적 교훈을 제대로 계승하지 않고 있다"고 느껴지거든요. 확실히 전후 민주교육 속에서 재일조선인문제는 하나의 기둥이 되어 왔지만 이 같은 일본인과 조선인 아이들 사이의 긴장관계, 다툼이 일어났을 때 간과되는 나머지 교육의 내실로서 제대로 대응하지 못하고 있는 상황이 오늘날까지 지속되고 있습니다.

상하이와 조선인

上海と朝鮮人

도쿄 출신인 하루나 아키라(春名徹)는 도쿄대학(東京大學)을 졸업한 후 종합지 출판사(中央公論社) 근무를 거쳐 동양사와 에도시대 표류민을 주제로 다루는 실화 작가가 되었다. 여러 실화작가상(大宅壯一ノンフィクション賞・日本ノンフィクション賞)을 수상했으며, 초후가쿠엔여자단기대학(調布学園女子短期大学, 현 田園調布学園大学短期大学部) 교수를 지내기도 했다. 이 글은 상하이라는 국제도시가 조선인에게 어떤 존재였는지를 주된 내용으로 거론하면서 19~20세기 초반 동아시아 국제관계에 대한 다각도의 입체적 논의가 이루어지고 있다.

김옥균과 아쿠타가와 류노스케

나카에 초민(中江兆民)이 『삼취인경론문답(三醉人経論問答)』을 펴내며 일본이 나아가야 할 방향에 대해 선택지를 제시했던 것은 1887년(메이지 20)의 일이다.

초민은 깔끔한 양복을 차려입어 눈매가 서늘하고 콧날이 선 「양학신사(洋學紳士)」에게 서양 근대사상의 민주주의적 측면을 대표하도록 하는 한편, 잔무늬 기모노에 하카마(袴)를 입은 새까맣고 팔이 굵은 「호걸군(豪傑君)」에게 팽창주의적 국권론을 논하도록 하였다. 그리고 이들과 더불어 현실주의적인 난카이선생(南海先生)을 배치시켰다. 이 문답에서는 애써 결론을 제시하지 않은 채

페이지
222-231

필자
하루나 아키라
(春名徹, 1935~)

키워드
상하이,
나카에 초민(中江兆民),
김옥균,
아쿠타가와 류노스케
(芥川龍之介)

해제자
김웅기

논쟁을 했고 양학신사와 호걸군이 남해선생 곁을 떠나고 후에 간신히 소식만이 전해진다.

'두 명의 객인들은 끝내 관계가 회복되지 않았다. 누군가가 말하기에 양학신사는 북미로 떠났고 호걸의 객인은 상하이로 떠났다'고

초민은 「호걸군」에게 있어 상하이를 국권론적 「아시아주의」 경론(經論) 장소의 상징으로 사용하고 있다. 일본인의 의식에 있어 상하이라는 도시의 의미는 이때부터 변질하기 시작했다. 예전에는 서구문화를 섭취하는 곳이며, 때로는 전통적인 중국문화에 관문으로 여겨져 온 땅에 모략의 터전이라는 이미지가 더해졌다.

한편, 조선의 개화에 있어서는 아무래도 상하이는 일본 근대화의 경우처럼 적극적인 역할을 담당했던 시기가 없었던 것 같다. 여러 가지 원인이 있을 수 있는데 조선 개화파가 일본처럼 서양학문과 구미유학 경험에 기초를 두지 않고, 오히려 유교적 전통 속에서 자기형성을 이루어낸 데 큰 요인이 있을 것으로 보인다. 또한, 중국과의 전통적 관계에서 미루어볼 때, 정치적으로도 지리적으로도 북경이 더 가까운 점도 무시할 수 없을 것이다.

개화파와 상하이의 관계는 오히려 김옥균 암살사건에 의해 기억된다. 1884년(메이지17) 12월 갑신정변 실패 이후 일본으로 망명한 김옥균은 일본정부의 압박 속에서 또는 오가사와라 섬 혹은 홋카이도에서 실의의 망명생활을 보내고 있었다. 10년째이던 1894년(메이지27) 3월에 상하이 행을 결심하게 된 것은 조선 개혁의 초지를 실현 시키는 데 어떠한 타개책을 강구하려고 했기 때문이었다.

활동자금 제공을 미끼로 그를 상하이로 유인했던 것은 자객인 홍종우(洪鐘宇)였는데 김옥균의 목적은 당시 청나라 북양대신 이홍장(李鴻章)을 설득하여 조선의 개혁과 지론인 조선·중국·일본 삼국 간의 「삼화」주의를 실현시키려 했기 때문인 것으로 알려지고 있다.

상하이에 도착한 직후, 김옥균은 숙소로 일본인이 경영하는 호

텔 「동화양행(東和洋行)」에서 홍종우가 쏜 권총에 암살되었다. 상하이 공동조계 안의 있는 북소주로(北蘇州路)라는 곳이다. 시신은 중국군함에 의해 조선으로 옮겨진 후 대중들의 구경거리가 되었다.

일본 신문들이 시체 처리를 놓고 한창 청나라 정부를 비난하고 사건을 대청(淸)강경론과 결부시켰다. 청일 양국이 조선에 출병하여 전쟁을 시작하는 것은 몇 달 후의 일이다.

그 때부터 더 15년이 지난 1911년(다이쇼10) 3월 오사카마이니치신문사(大阪每日新聞社)에서 중국으로 파견된 아쿠타가와 류노스케(芥川龍之介)는 『상하이유기(上海遊記)』로 시작된 일련의 기행문을 이 신문에 게재했는데, 이 『상하이유기』의 권두에 해당하는 「제1별(第１瞥)」이라고 명명한 장에서 일본에서 배로 상하이로 도착하여 가장 먼저 안내받은 숙소가 이 동화양행이었다고 적혀 있다.(아쿠타가와는 '김옥균이 암살된 동아(亞)양행이라고 하는 호텔'로 잘못 기재했지만).

호텔은 어둡고 음침한 건물이었던 것 같고, 아쿠타가와는 여기에 방을 잡을 것을 포기하고 다른 숙소로 옮겨 버린다. 이게 이야기의 전부지만 김옥균암살사건이 당시 아직도 일본인들 사이에 선명한 기억을 남겼던 것을 나타내는 문장이 되어 있다.

아쿠타가와는 훗날 "상하이로 가면 정치 일에만 머리가 잘 돌아가서 곤란하다"고 말했다고 한다. 오히려 그 긴장을 숨기기라도 하듯이 『상하이유기』는 일부러 가벼운 필체로 집필되었다.

'우리는 바로 어둡고 그러나 한편으로 장식이 블링블링하고 기묘한 응접실로 안내받았다. 과연 이런 식이면 김옥균이 아니더라도 언제 어느 창 밖에서 권총의 총알 정도는 날아올 수 있을지도 모른다. ― 그런 일을 내심 생각하더니 …'라는 식의 문장은 현대 독자들에게는 유쾌하지 않을지도 모른다.

그래서 문학사가들 중에도 아쿠타가와의 중국 경험은 시종일관 문인취미에만 함몰되어 동시대적 문제를 회피했다는 평가를 내리는 사람도 있는 것이다.

그러나 나는 아쿠타가와가 상하이에서 「정치」를 직면했기 때문에 애써 필사적으로 자신의 지위를 지우려고 했던 것으로 생각한다. 문학작품으로서의 『상하이유기』에서 가장 먼저 등장하는 '김옥균이 암상된 호텔'의 썰렁한 인상은 그래서 이 기행의 기조가 되는 것을 규정하는 데 중요한 의미를 갖게 되는 것이다.

온돌방

おんどるばん

돌아서 가는지 모르지만 꾸준히 고마에시(狛江市)·후지와라 쇼코(藤原 詔子)·회사원·28세

본지 44호, 오가와 마사요시 씨의 「지자체와 지문문제」중에 지문거부는 "관리체제를 발밑에서 무너뜨리는" 운동이라는 지적에 공감했습니다.

지난 1년 가까이 미력이나마 외국인등록법 개정운동에 관여하면서 인식을 새로이 하게 된 것 중 하나가 지자체에 관한 것이었습니다. 지금까지 지자체란 상의하달 기구로 깊이 박혀 있는 존재 정도의 인식밖에 없었는데 실체로 관공서 창구와 협상하는 과정에서 여하튼 뚫고 가는 곳은 여기부터라는 감촉을 얻게 되었습니다.

외국인등록법 개정운동은 일본 사회에서의 존재가 예리하게 도마 위에 오른 것을 시작으로 운동의 과정에서 지자체가 크게 시험대에 오른 결과가 되기도 했습니다. 그동안 통감하게 된 것은 역시 이 문제는 일본인이 문제다, 차별이란 이 일본사회 그리고 자기 자신의 문제라는 것이었습니다. 법무성의 대응에 화를 내면서도 한심한 마음이 겹치면서 내일은 내 약점 또한 잡힐 수 있다는 위기감을 강하게 느꼈습니다. 상대는 강대하지만, 우리도 결코 무력하지는 않습니다. 돌아서 가는 것 같아도 꾸준히 한 삽씩 파나감으로써 무너뜨려야 할지도 모르겠습니다.

페이지
254-255

필자
독자

키워드
외국인등록법,
일본 학교, 본명,
재일중국인,
지문문제, 전후책임,
임화(林和),
나카노 시게하루
(中野重治), 연변,

해제자
김웅기

244

수기에 감동 오이타시(大分市)·이마무라 이사오(今村勲)·무직·64세

지난 호「일본 학교의 강단에 서서」라는 수기를 감명 깊게 읽었습니다. 집필자 여러분이 일본 사회의 두꺼운 벽에 대해 언급하면서「조선인」에 충실하며 이를 타파하려는 모습에 감동 받았습니다. 조선인으로서의 입장을 숨기지 않은 채 일본인과 대등하게 서로 인정하는 관계를 만들어 나가려 하는 박원강 씨. 그리고 특히 김옥조 씨의 문장에 감동을 느꼈습니다.

김 씨는 재일조선인으로서 고뇌하고 있는 학생들을 격려할 수 있는 교사가 되고 싶다고 한다. 입학 전 본명을 사용하고 싶지 않다고 말하던 학생이 입학하여 자기소개 할 때「나는 재일조선인입니다. 울보이지만 잘 부탁한다」고 인사했다고 한다. 감동적인 광경이 눈에 떠오릅니다. 교사로서의 이 인간적이고 헌신적인 노력에 머리가 숙여집니다.

재일중국인으로서 요코스카시(横須賀市)·주숙진(朱淑真)·회사원·28세

대학에 제출할 리포트(『미국의 아시아계 이민에 관하여』)를 쓰기 위하여 귀지(貴誌) 제44호를 구입했습니다. 두 개의 논문「한국에서 미국으로의 간호사 이민」과「미국의 조선인사회」를 참고하고 싶었기 때문이다.

또한, 그 외 논문이나 수기를 읽어보았는데 같은 재일외국인으로서(저는 중국인입니다) 공감을 느끼는 것 투성이었습니다. 특히 이정숙 씨의「재미 6년의 나날」을 통해 비근한 문제로서 많은 것을 배웠습니다.

지문문제의 일지를 우지시(宇治市)·후쿠시마 노부오(福島信夫)·지방공무원·38세

가끔씩 구매하고 읽습니다. 재일조선인의 교육문제나 현재는 지

문문제에 관한 기사를 원하고 있습니다. 편집부에 의한 지문문제의 전국정보나 일지를 매호마다 이어 나가주셨으면 했는데 뒤에서는 안 실려 있는 것이 아쉽습니다. 긴 호흡으로 전국정보 수집과 본지 게재를 부탁하고 싶습니다.

초로가 된 후의 공부 간논지시(観音寺市)·이시이 시게오(石井重雄)·62세

조선이란 청춘의 한때 내가 살던 곳이며, 우리 「마음의 고향」이기도 합니다. 큰마음 먹고 제41호를 구매했으며, 특집 「일본의 전후책임과 아시아」부터 읽었습니다. 정작 일찍부터 읽기 시작했더라면 좋았을텐데 하면서 김달수 씨의 『일본 안의 조선문화』, 후지시마 씨의 『한문화탐구자의 추상』, 아리미츠 씨의 『나의 조선고고학』을 즐겁게 읽었습니다.

초로(初老)의 공부라 부끄럽기는 하지만 본지가 앞으로도 우리의 바램에 부응해 줄 것을 부탁하고 싶습니다.

남북 리포트도 후쿠이시(福井市)·시마다 치에코(嶋田千恵子)·의사·43세

본지 연재 「조선근대시선」은 당초 원어가 병기되어 있는 의미를 이해하지 못했지만 지금은 읽지는 못하더라도 글자를 즐기고 있습니다. 특히 임화(林和)의 『우산 쓰는 요코하마부두(雨傘をさす横浜埠頭)』가 나카노 시게하루(中野重治)의 『비 내리는 시나가와역(飴の降る品川駅)』에 대한 응답가였다 하여 여러 번 읽고 있습니다.

본지 43호 「조선의 해방과 분단」에 대한 한 쪽 자리 해설은 매우 유익합니다. 1950년대 이후 것도 부탁드립니다. 또한, 최근의 남북에 관한 정치, 경제, 문화에 관하여 꼭 리포트를 기획해 주셨으면 합니다.

최길원 씨에 관하여 도쿄도 시나가와구(東京都品川區)·미우라 지로(三浦二郎)·회사원·59세

저는 1938년부터 45년까지 북경에 살고 있었습니다. 당시 귀지 44호에 기고한 최길원, 이시카와 마사 두 분과는 중학교 동기동창 사이였습니다. 운명의 기적이라고나 할까요. 동창인 최 씨와 이시카와 씨 논문이 귀지에 동시 게재되다니.

게다가 우리 동기생들은 지난 9월 16일부터 10월 1일까지 보름 동안 최 씨는 일본으로 초대하여 40년만에 재회를 이루었습니다. 최 씨는 현재 연변대학 어문계 한어교연실 교수로 후진의 지도에 종사하고 있으며, 이번 도일에 있어서도 오비린대학이나 아시아·아프리카어학원 등을 방문하여 학술교류의 성과를 거두고 있습니다. 언어학자로서 중국에서의 지위도 높아 실력자이기도 합니다.

연변에서 펜팔 바람 치바시(千葉市)·사가야마 히로코(嵯峨山浩子)·25세

저는 「판다클럽」이라는 일중우호 펜팔서클을 돕고 있습니다. 이번 여름 조선족이 많은 연변지구 최고의 진학교인 연변제일중학에서 대략의 펜팔 신청이 있었습니다.(총 170여 명) 서믈 회보에서 홍보했는데 반년 가까이 지났음에도 100명 이상이 아직 펜팔 상대조차 정하지 못하고 있습니다. 또한, 연변제일중학은 펜팔뿐만 아니라 「중국에 일본어교재를 보내는 모임」 주최 일본어작문콩쿠르에도 매년 100편 정도의 응모가 있으며, 입상자도 많이 내고 있습니다.

제44호에서 야마시타 영애(山下英愛) 씨가 일부 번역한 『연변조선족자치주개황』을 도쿄 우치야마서점(內山書店)에서 입수했는데 사진도 많아 기쁜 한 권입니다.

「조선해협」이 지워진다 요코하미시(橫浜市)·다카하시 노부요시(高橋伸欣)·고교 교원·44세

올해 또 다시 일본출판노동조합연합회(출판노련)에 의한 교과서검정과 채택의 실태보고서인 『교과서리포트 '88』가 발표되었다. 그 속에 「조선해협」을 「쓰시마해협서수도(対馬海峡西水道)」로 고치도록 수정의견(거부할 경우, 이 건만으로도 검정불합격됨)이 달렸다고 한다. 이는 이번이 처음이 아니라 1982년도용 고교사회과 지도첩 검정 때(검정작업은 80년)부터 돌연 문부성이 주장하기 시작했던 것이었다. 이 근거로는 해상보안청 발행의 해도와의 표기 통일이 제기되고 있다.

그러나 그 해도도 메이지 24년 발생인 최초본에서는 「조선해협」으로 표기했으며, 메이지 38년 발행부터 「쓰시마해협」으로 변경되었다. 게다가 그 한편으로 동서문고(東書文庫) 소장 메이지 28년 발생분 이후 것을 보는 한, 일관적으로 「조선해협」으로 표기되어 있으며, 이는 전후에도 계승되었다. 그동안 해도의 표기와의 불일치는 특별히 문제가 되지도 않았다. 지명이라는 것은 역사적 산물임과 동시에 민족의 증명이기도 하다. 그 타국의 민족문화에 대해 마침 임시교육심의회(臨教審)는 「이문화에 대한 폭넓은 이해와 관용에 입각하여」 국제화에 대응해나갈 교육을 요구하고 있다. (임시교육심의회 제1차 답신) 나는 거기에 근린민족에 대한 교만함을 보는 듯 하기도 하고 전전 역사교육과 더불어 지리교육이 아시아 멸시의 국제관을 국민에게 심어주고 침략에 가담했던 사실을 떠올리지 않을 수 없다.

정정과 추가
訂正と追加

본지 지난 호 「가교」란에 쓴 「모스크바에서 본 『조선』(モスクワ で見た『朝鮮』)」에서 한 가지 정정하고 싶다.

레닌중앙박물관에 걸려있는 레닌추모문의 발송인이 「대한민국 농민 정병호(廷秉昊)」로 되어 있는데, 이는 「연병호」가 맞다. 교정 때 오타를 간과하고 있었다는 것을 나중에 알았지만 살펴보니 연병호는 조선의 독립운동과 연관된 인물이라는 점도 밝혀졌다. 3·1운동이 일어난 1919년 6월 상하이임시정부를 지원하기 위해 서울에서 안재홍(安在鴻) 등에 의한 청년외교단이라는 비밀조직이 만들어졌지만, 연병호는 이에 참가한 후 그해 10월 상하이에 가서 독립운동에 종사한 것이 관헌자료에 기록되어 있다. 당시 27살의 크리스찬이었다고 한다. 그 후 소식은 행방불명이지만 1929년 난징에서 결성된 한국혁명당 발기인으로 이름을 올렸기 때문에 1910년대 중국에 거주했던 것으로 보인다.

추가를 한 가지 더. 모스크바에 조선요리 레스토랑을 만들면 어떨까라고 썼는데 그 후 전해들은 얘기로는 소련과 조선민주주의인민공화국(북조선)이 공동으로 모스크바에 레스토랑을 열 계획이 있다고 한다.

요리사는 북조선에서 파견되는 듯하다. 올해 개점이라 하니 언젠가 모스크바에서 조선요리를 즐겨보고 싶다.

페이지
256

필자
미즈노 나오키
(水野直樹, 1950~)

키워드
연병호(廷秉昊)

해제자
김웅기

편집을 마치고

編集を終えて

독자들의 강한 요청도 있고 해서, 다시 한 번 교과서문제 특집을 기획했습니다. 본지에서는 1976년 겨울호(제8호)에서 여덟 회에 걸쳐 이 문제를 다루었고 코단샤(講談社)에서 『교과서에 기술된 조선(教科書に書かれた朝鮮)』이라는 제목으로 간행(1979)하여 큰 반응을 불러일으킨 바 있습니다.

이후 1982년 여름에는 일본 교과서의 기술을 둘러싸고 중국과 한국, 동남아 국가들에서 큰 사회문제가 되었는데, 이는 단순히 교과서 기술 내용이 아니라 일본의 아시아 국가들에 대한 자세를 묻는 것이었습니다. 이는 곧 외교문제로 비화되어 일본정부는 시정할 것을 약속했습니다.

그때부터 3년 수개월이 지났는데 본 호의 각 논문으로도 알 수 있듯이 문부성은 자세를 바로잡기는커녕 사실을 외부에 흘리거나 은폐하는 게 오히려 교묘해지고 있습니다. 또한, 「역사교과서의 조선을 묻다」(좌담회)에서도 지적되듯이 교과서 집필자들에게도 많은 문제들이 있는 것 같지만 국제화사회를 지향하는 일본에게 대단히 아쉽다고 하지 않을 수 없습니다.

본지는 수시로 「재일조선인」을 특집하며, 특히 2, 3세의 사고방식이나 삶에 주목해 왔습니다. 이리하여 최근 강상중(姜尙中), 양태호(梁泰昊) 두 분간의 논쟁을 다루었는데 독자 여러분의 소감이나 의견을 기다리고 있겠습니다.

페이지
256

필자
이진희
(李進熙, 1929~2012)

키워드
교과서, 외교문제,
강상중(姜尙中),
양태호(梁泰昊)

해제자
김웅기

해제자 소개

서정완 한림대학교 일본학연구소, 사업단장
김웅기 한림대학교 일본학연구소, HK교수
전성곤 한림대학교 일본학연구소, HK교수
김현아 한림대학교 일본학연구소, HK연구교수
석주희 (전) 한림대학교 일본학연구소, HK연구교수
임성숙 한림대학교 일본학연구소, HK연구교수

한림대학교 일본학연구소 일본학자료총서 II
〈계간 삼천리〉 시리즈

계간 삼천리 해제집 7

초판 인쇄 2021년 1월 20일
초판 발행 2021년 1월 30일

해   제 | 한림대학교 일본학연구소
펴 낸 이 | 하운근
펴 낸 곳 | 學古房

주   소 | 경기도 고양시 덕양구 통일로 140 삼송테크노밸리 A동 B224
전   화 | (02)353-9908 편집부(02)356-9903
팩   스 | (02)6959-8234
홈페이지 | www.hakgobang.co.kr
전자우편 | hakgobang@naver.com, hakgobang@chol.com
등록번호 | 제311-1994-000001호

ISBN 979-11-6586-142-1 94910
        978-89-6071-900-2 (세트)

값 15,000원

■ 파본은 교환해 드립니다.